朝日新書
Asahi Shinsho 967

8がけ社会

消える労働者 朽ちるインフラ

朝日新聞取材班

朝日新聞出版

はじめに

少子高齢化が問題として語られ始めたのは、いつごろからだろうか。遅くとも、今年47歳になった私が記者を始めた２００１年当時から、危機感の度合いは違うとはいえ、日本社会が直面する問題として認識されていた。

それから23年が過ぎた。少子化も高齢化も、あぜんとするほど有効な解決策を見いだせないまま時は過ぎ、問題の深刻度は増していくばかりだ。国は、高齢化対策として、年金や医療・介護などの社会保障分野で、十分とは言えないまでも給付と負担の見直しを進めてきたし、社会保障費に充てるための消費税増税も2度にわたって行った。少子化対策もまた、子ども手当のような直接給付、働く親が子どもを預けやすくする保育園の拡充などの手は打たれてはいる。それでも、加速度的に進む高齢化に伴う社会不安は、高齢者も現役世代もともに大きくなるばかりだ。少子化もいまだ出生率の下降傾向は変わらず、２０２３年の「合計特殊出生率」は１・20で、統計がある１９４７年以降過去最低だった。

誰もが問題と感じながら、解決策を見いだせない少子高齢化に対し、いつしか「もう仕方がないことだから、考えるのをやめよう」と思う人も増えているのではないか。なぜ絶望し、考えることを諦めてしまうのかと言えば、個人としての打ち手が見いだしにくいことに加えて、問題が、私たちの暮らしや社会にどんな影響や困難をもたらすのか、具体的なイメージが像を結ばないからではないか、と思う。

少子高齢化や人口減少の何が問題なのか。一つの考え方として、国のサイズが小さくなることは必ずしも悪いことではない。人口密度が下がれば、その分、快適に暮らせる面もあるだろう。だが、日本の場合は決定的な困難がある。2040年代のピークに向けて高齢者はどんどん増え、そんな社会を支える現役世代が減っていく。その結果として、全体に占める高齢者の割合が大きくなる比率のアンバランスさである。

2023年10月初め、来たる2024年の年明けの朝日新聞総合面を飾る新年企画の担当デスクを命じられた私は、当時の野村周ゼネラルエディター（編集局長）から次のお題を与えられた。2040年ごろを見据えた日本社会の課題を絞り込み、外部の専門家の力を借りながら、解決策を示してほしい――。課題の摘出や指摘にとどまらず、外部の専門家を巻き込みながら、課題解決の道筋を示す。記者が取材する現場と専門知をつなぐ媒介役となり、どう動くべきかまで描く。言うは易しの「課題解決型報道」にメディアの新たな役割を意識しつつチャレンジすることを目標に、企画班は立ち上がった。

茫漠としたテーマに「はて、どこから手を付けるべきか」と思案していたとき、私たちが出会ったのが、リクルートワークス研究所が2023年春に出した報告書「未来予測2040」が示した「労働供給制約社会」という未来像だ。生産年齢人口（15〜64歳＝現役世代）の減少で、2040年には、社会を維持するために必要なサービスが、需要に対して1100万人分も労働供給不足になると予測する。医療や介護はもちろん買い物やごみ出しなど日々の生活でサービスをより必要とする高齢者はこの先、微増の傾向を続ける。特に特徴的なのは、80歳以上の高齢者が増えていく「高齢者の高齢化」だ。

社会に供給されるサービスの需要と供給で見たとき、現役世代が高齢世代に入り高齢者がさらに高齢化していく中でサービス需要は増え続ける。一方で、主に現役世代が支えるサービスの供給量は激減していく。その推移をグラフにすると、ワニの口のように、上あご（需要）が少しずつ上がり、下あご（供給）はガクンと下がっていく。そんな「確実な未来」について、リクルートワークス研究所の古屋星斗（しょうと）・主任研究員は「いま起きているのは、単なる人手不足ではなく、今後も続く構造問題」と警鐘を鳴らしていた。

長年傾向が変わらない少子高齢化の結果として生じる最大の問題は、働き手の減少によるサービス不足にある。そして、あらゆる業界で悲鳴が上がる人手不足は、今後、年を経るごとに深刻化していく。後から振り返れば、「いま」が最もよい状況で年々困難が増す未来の「入り口」に立っているとの問題意識から、十数年後の「未来」からいまをどう見るべきか。リクルートワークス研究所の力を借りながら企画として練り上げていったのが、本書が取り上げる「8がけ社会」である。

16年後の2040年、現役世代はいまより2割減る。社会サービスの担い手はその分減るが、サービスを必要とする高齢者の高齢化は止めようもない。必ず訪れる「不都合な未来」に向けて、いま何が起き、これからどう向き合うべきか。解決策はあるのかどうかを、40年に主役世代となる20~30代の記者を中心に考え抜き、各地を取材した。

難しい未来に向き合う前に、なぜ予測された「未来」を変えられなかったのか。自戒も込めてその点を明らかにしなければ、同じ轍(てつ)を踏むことになる。現役世代が支えるサービスの供給減をテクノロジーや外国人などで代替できれば、問題は解決できるはずだが、そんなゲームチェンジャーは現れるのか。縮小する社会や地域に、私たちが適応できれば、さほどの心配も必要ないのかもしれない。8がけ社会の未来は一見、社会や国の「退化」

に見える。だが、新しい環境に適応する過程としての退化は必ずしもマイナスではなく、進化に欠かせない一形態とみることもできる。

何より、人や社会は変わることができる。いまの延長線上に未来を続けることは難しくても、発想や価値観を大きく転換させ、新たな環境に最適化することで、いまは見えない未来を作ることも不可能ではない。例えば、いまある労働力やサービスが現状維持することを前提にせず、少なくなる労働力やサービスを起点に社会を描き直せば、まったく違う社会像や暮らし方が見えてくる。2割減った労働力を大切に、かつ最大限効果的に扱うことから経済やサービスのあり方、私たちの暮らし方をリデザインする。一人ひとりが生き生きと働き、それぞれの力を十分発揮できる環境や条件を整えることが、何よりも大切だ。

私たちは知らず知らずのうちに、いまの労働量やサービスが未来も続くと仮定し、それが減ることを恐れて右往左往していないだろうか。8がけ社会の未来が、必ずしもいまの延長線上にはなく、新たな価値観や発想のもとに描き出す社会だと考えれば、不安に思うより前向きに第一歩を踏み出す力も湧いてくる。そんな未来への方向性や解決策、打開のためのヒントを示そうとしたのが、本書の最大の狙いである。

「8がけ社会」への歩みは始まったばかりだ。今後の一歩一歩は、将来のあり方を大きく変えていくだろう。それは制度や政策、社会のあり方以上に、私たち一人ひとりの生き方や向き合い方の問題である。変えられない未来に呆然とするのではなく、社会の見方や向き合い方など変えられる「未来」のためにできることは何か。識者の力を借りながら解決の道や突破口を描き、ともに考えていくきっかけを示していきたい。

「8がけ社会」取材班デスク（ネットワーク報道本部デスク）　石松　恒

凡例

・本書は朝日新聞デジタルに発表された「8がけ社会」（2024年1月1日～4月21日）に、大幅な加筆修正を行ない再構成したものである。

・登場人物の肩書と年齢、一部の事実関係は原則として取材当時のものである。

・本文の写真・図版は断りのない限り、すべて朝日新聞社提供。

目次

消える労働者　朽ちるインフラ

8がけ社会

はじめに　3

第一部　現場から　21

1　縮小の先に　22

理不尽に耐え続けた30年／「俺が仕事を選ぶ側」／建て替え止まった団地／人手不足のしわ寄せは住民に／2040年に労働力1100万人不足の衝撃

2　人手奪い合い　32

スーパーの時給は介護施設より高く／人材派遣会社24社回っても……／ハローワークで見た人材の奪い合い／東京のIT企業が新潟進出。広がる勝者と敗者との差／新潟県で現実味を帯びる「未来予測」／難しい解決策／貨物線の存廃……食卓のタマネギに危機／「常識を見つめ直す機会に」

Writer's column 1
圧倒的に少ない若者世代、その声の反映を　44

3 変えられた未来 46
生かせなかった過去／「均等法ができてもすべて解決するとは思わなかった」／衝撃的なメッセージのその後／「消滅可能性都市」の提唱者・増田寛也氏に聞く／「消滅」が近づく現実／人口減少は日本だけの問題ではない／将来世代に対して負うべき責任／一部の人の犠牲の上に成り立つ社会は持続可能性を失う
Writer's column 2
「過去」をつくったのは私たちでもある 65
4 切り札はあるか 68
農業従事者は今後20年で約4分の1に／ロボット導入にコストの壁／海外人材に高まる期待
5 適応できるか 79
二つの橋を撤去／迫られる取捨選択／神奈川県平塚市、可燃ごみを「戸別収集」／より困難な「減らす合意」

Writer's column 3
読んで考える「8がけ社会」　取材班のおすすめ文献　90

6 発想を変える　94
空き家率は32%に上昇も／世界に選ばれた盛岡、日常が貴重だった／「日本が居場所」「外の視点取り入れて」

7 主役世代　105
社会を支える「お手伝い経済圏」を／東大から救護施設へ就職／動き出した若者たち

8 突破への胎動　114
「ばあちゃん」と危機を乗り越える／エッセンシャルワークを楽しくする仕組みを

Writer's column 4
世代間対立を解きほぐすヒントは　122
対談　社会の仕組みや価値観を変えていくには　126

第二部　ともに支える　137

1　若い世代と考える　138
ずっと言われてきた問題／おじさんの壁　悲しくなった／取材した記者が思うこと

2　ロスジェネ女性の道筋は　146
就職氷河期、運良く就職決まったが／救いの自助グループ　2種類の札を手に／ターゲットは女性だけでない／取材した記者が思うこと

3　政治家に聞く「解決の鍵」　155
「今まで通り」は通用しない／「政治家任せでは乗り越えられない」／「8がけ社会」で最も困ることは／取材した記者が思うこと

4　世代間不公平を考える――世論調査から　164
現役世代が政策の失敗に気づき始めた／介護を「全世代の課題に」／

将来の介護「受けられぬ心配」9割／人手不足「感じる」7割

Writer's column 5
「若い世代は割を食っているのでは」と問われ　174

Interview
未来は「言葉」の中に
人間が生きていくのに何が必要かを考える／
どれだけ長く記憶を活性化し、伝えていくことができるか
多和田葉子さん（作家）　176

Interview
低賃金労働を期待する社会では出生率が上がるはずがない
小熊英二さん（歴史社会学者）
80年代以降、自営業で働く人が減少した分、非正規雇用が増加／
日本国内に低賃金部門を残さない／
次世代に低賃金労働を期待する社会では、出生率が上がるはずがない　183

Interview
異質な文化混ぜ、新たな価値の創出を
価値創出を続けられるかの必須条件は「開かれているか」　安宅和人さん（慶應義塾大学教授）　190

Interview
人間は「予測可能」。変化に適応していける　長谷川眞理子さん（自然人類学者）　195
そのサービスは本当に必要か

Interview
国が司令塔になって目配りを　増田寛也さん（人口戦略会議副議長）　199
可処分所得では、必ずしも地方が不利ではない／
これから数十年ほどが、最も苦しい時代に

Writer's column 6
「人手」が意味するものは　207

第三部　能登半島地震——震災からみえたもの　211

1　被災地の現実　212
震災で従業員が半減／若い世代の定着のために、どのような手を打てるか

2　地方自治体の模索　217
自助、共助、公助、すべてが限界／集団移転も困難／職員自らが修繕する「ＤＩＹ」対応／築50年超えの橋が19万以上

3　過疎集落はどうなる　230
「復興より移住を」は暴論か／ここでしか生きていけない人だっているんだよ／「知恵を絞るのが政治の役割」／「これからのまちづくりに還暦以上は口を出さない」／選択肢を持つことが大事

4　災害と人口移動——データから読み解く　243
データから読み取れる「都市部への人口移動」／いまは将来の分岐点にある

5
防災と復興——識者はこう考える 247
一番重要なのは自助／誰かが優先順位の整理を／「余裕」を意図的に準備しておくことも大事／中心集落や市街地への移転、集約化を考えざるを得ない

おわりに 260

取材班（五十音順） 266

第一部

現場から

1 縮小の先に

待遇や働く環境に我慢を強いられてきた人たちが新たな選択をしやすくなっている。半面で、待ち受けているのは、生活を支える人々がいなくなる世界だ。

建設作業員だった須加（すか）龍二郎さん（54）は半年前、建設業界に見切りをつけた。取引のあった元請けから仕事を受けてくれと頼まれても、「割が合わない仕事は受けない」。どこも人が足りていない。だが須加さんは「そんなこと知ったこっちゃない」と吐き捨てる。

30年以上、下請けの下請けだった。大学は中退。23歳で飛び込んだのが建設業界だった。

理不尽に耐え続けた30年

ピラミッドの産業構造の中で、元請けの言うことは「絶対」。機嫌を損ねれば「おいしい仕事」を振ってもらえなくなる。本業はガラスの取り付けやサッシの張り替えだったが、頼まれれば土も掘り、産業廃棄物も運んだ。無理な工程を組まれて、深夜まで作業を強いられることも。理不尽だと思うことも、ぐっと耐えてきた。

日当はピンハネされ、自分の手元に入る金額はわずか。「逃げ場がないんだよ。転職しようにも、選択肢はアルバイトぐらい。どんづまりよ、どんづまり」

カブで六本木を走る須加龍二郎さん

その間、働き手の中心となる現役世代（生産年齢人口の15〜64歳）は1995年の約8700万人をピークに減り続け、2013年には8千万人を割った。

景気の移ろいはあれど、14年からは有効求人倍率が1を上回り続けている。

この流れに乗るように、須加さんは23年夏から個人事業主としてフードデリバリーの仕事を始めた。

「俺が仕事を選ぶ側」

すると、月収は40万円を超え、建設現場の仕事よりも実入りがいい。

配達に時間がかかるタワーマンションを断るのも、報酬が安い案件を見送るのも自由だ。周りに配達員の数が少なく需要が高い時間帯などは、調整金額が加算される。需要と供給を結んだ果実がダイレクトに届くようで、魅力的だった。

ただ、いまの仕事が最適解だとは思っていない。雇用関係はなく委託契約を切られれば終わり。配達しても、ほとんどの客が無言。それに、金持ちのためのサービスだと思う。磨いた腕を生かすことも、感謝されることもない。大きな公共事業を手がけたときの達成感もない。「金さえよければ、戻りたいよ。現場には俺の存在意義があったよな」と思う。

それでも、あらがえなかった抑圧から抜け出せたことがすがすがしい。

須加さんがいた建設業界の担い手は１９９７年の６８５万人をピークに、２０２２年には４７９万人に減った。

須加さんは言う。

「俺は元請けにも国にも大事にされてこなかった。いまさら人手不足だから助けてくれと言われてもな。俺には関係ない。いまは俺が仕事を選ぶ側なんだからさ」

一方で、建設業界は人手不足に陥り、暮らしへの影響が出始めている。

建て替え止まった団地

大阪府箕面（みのお）市の住宅街にある築60年ほどの「みのお・B・C団地」の敷地には、更地が広がる。２０２３年春から建て替え工事が始まる予定だったが、年も越し、いまも手つかずの状態だ。当初の完成予定は24年夏だったが、めどは立っていない。

工事を落札したゼネコンが、解体と事前の工事を終えた後、建て替え前に撤退してしまったのだ。団地を所有・管理する大阪府住宅供給公社が「こんなことは初めて」と言えば、ゼネコンも「途中で工事を取りやめるのは経験がない」という。

工事はこのゼネコンが22年4月に総額39億円で落札。本体工事に着手するタイミングで、当初の予算では採算が合わないことが判明したという。入札した工事を辞退すると、多額の違約金が発生する上、一定期間は公社の入札に参加できなくなる。何より企業の社会的信用も傷つく。

それでも進んでいた工事から手を引かざるを得なかった理由には資材費の高騰に加え、人手不足を背景にした人件費の高騰があった。

人手不足のしわ寄せは住民に

ゼネコンは、複数の下請け会社から人件費などの見積もりを取って入札額を決めた。だが着工するまでの1年半の間に人件費が高騰。着工する段になって、下請けから「その人件費ではもう受けられない」と断られた。

建設業の人手不足は深刻さを増している。求職者1人に対する求人件数を示す有効求人倍率(昨年11月時点)は全職業全体で1・20倍なのに対し、建設業は5・57倍だ。

絶対的な人手不足の中で「賃金を上げたとしても、10人必要なところに5人しか集まらないこともある。下請けの取り合いが起きている」とゼネコンの担当者は明かす。このゼネコン自身も現場監督を担う技術系社員も不足しているという。

隣接する団地に一時転居中の約140世帯が、いつ再入居できるかわからなくなった。

50年以上この団地の3階で暮らしてきた80代の女性は建て替え後に付くエレベーターを

楽しみにしていた。「体力的に階段を上るのが限界。まさか人手不足のあおりを受けることになるなんて」と肩を落とす。

高齢の両親と暮らす40代の女性はつぶやいた。「各地で工事が止まっていると聞くから私たちも我慢するしかないのかな」

人手不足は労働者に選択肢を与えた。その裏側で、私たちが意識せず享受してきた「必要不可欠な仕事」の担い手が消えていく。

そして、そのしわ寄せの行き着く先は私たちの生活なのだ。

2040年に労働力1100万人不足の衝撃

2040年には、1100万人の労働力が足りなくなる。リクルートワークス研究所は23年に発表した未来予測の報告書でこう推計した。40年に向け、現役世代が減る一方、85歳以上は20年の610万人から1千万人に達する。3人に1人が高齢者の時代がやってくる。

朝日新聞は、リクルートワークス研究所と協力し、取材を進めた。人口動態の変化が、

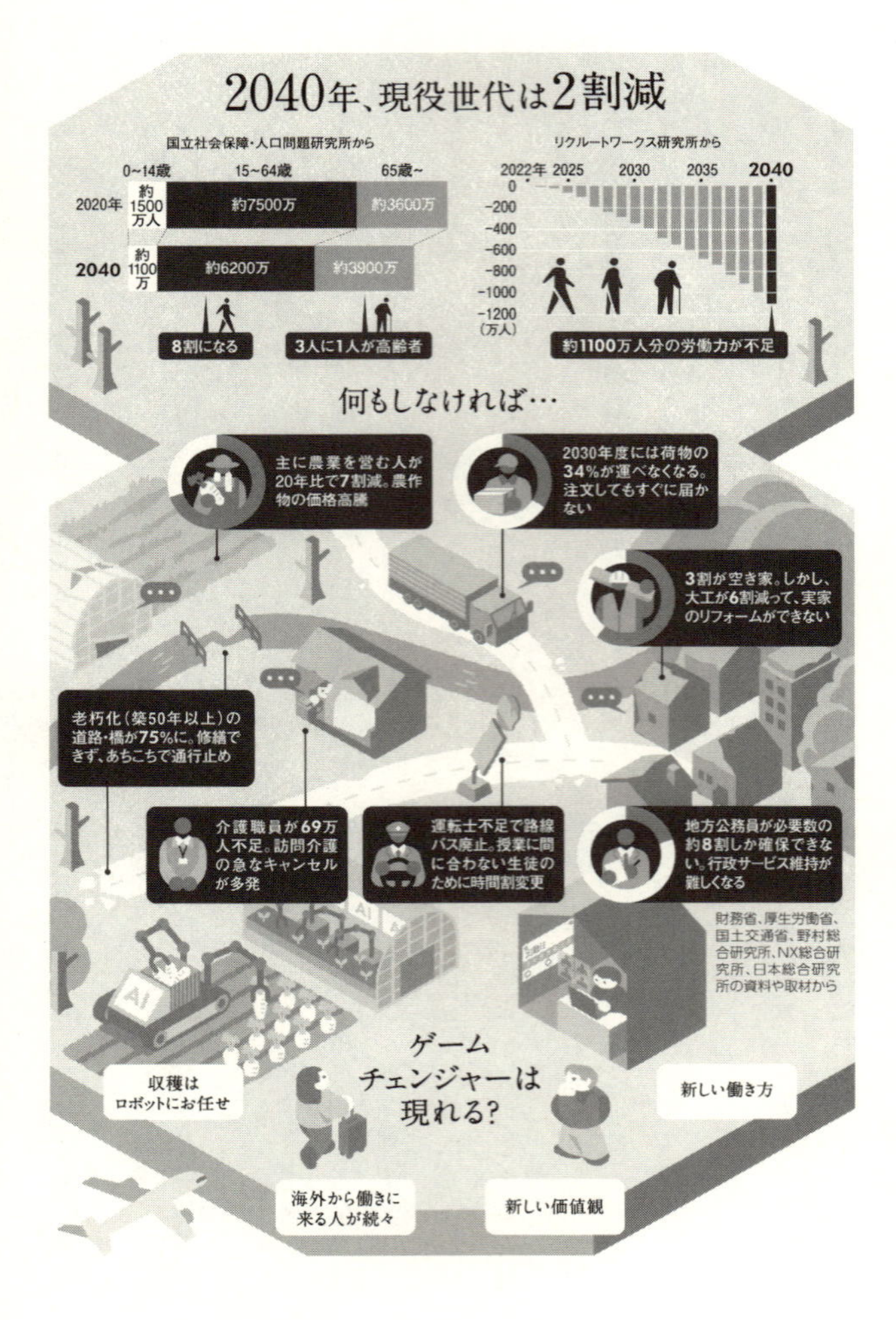
2040年、現役世代は2割減
国立社会保障・人口問題研究所から
0~14歳
15~64歳
65歳~
2020年
約1500万人
約7500万
約3600万
2040
約1100万
約6200万
約3900万
8割になる
3人に1人が高齢者
リクルートワークス研究所から
2022年
2025
2030
2035
2040
0
-200
-400
-600
-800
-1000
-1200
（万人）
約1100万人分の労働力が不足
何もしなければ…
主に農業を営む人が20年比で7割減。農作物の価格高騰
2030年度には荷物の34％が運べなくなる。注文してもすぐに届かない
3割が空き家。しかし、大工が6割減って、実家のリフォームができない
老朽化（築50年以上）の道路・橋が75％に。修繕できず、あちこちで通行止め
介護職員が69万人不足。訪問介護の急なキャンセルが多発
運転士不足で路線バス廃止。授業に間に合わない生徒のために時間割変更
地方公務員が必要数の約8割しか確保できない。行政サービス維持が難しくなる
財務省、厚生労働省、国土交通省、野村総合研究所、NX総合研究所、日本総合研究所の資料や取材から
AI
ゲームチェンジャーは現れる？
収穫はロボットにお任せ
新しい働き方
海外から働きに来る人が続々
新しい価値観

著しい労働の需要と供給のギャップを生む。それによってこれまでの常識が通用しなくなる事態が、各地で起き始めていた。

働き手にとっては、人手不足は必ずしも悪い話ではない。企業は賃金や労働環境の改善を競い、働き手は好みにあった仕事を選びやすくなる。

だが、そこに落とし穴がある。働き手に不人気な仕事は、ますますそっぽを向かれる。その代表格のようになっているのが、生活維持に欠かせないサービス、セーフティーネットにかかわる社会的活動だ。

肉体労働、低賃金、長時間、夜勤、理不尽なクレーム、へき地勤務。敬遠される要因は様々だが、いますでに人手不足が深刻だ。この先、さらに働き手の争奪戦が激しくなれば、ますます人手の確保は難しくなる。それどころか離職が増え、加速度的に衰退する。

これはひとごとではない。人口減少は財政、社会保障など様々な問題に影響する。リクルートワークス研究所の古屋主任研究員はそれだけではないと言う。「これから私たちが肌感覚で直面する最初の問題は、生活維持サービスの縮小、消滅だろう。放っておけば生活が立ちゆかず、仕事どころでなくなる」

そんな兆しがすでに現れている。

人手不足になる中、何も対策をしないとどうなるのか。

街のあちこちで「運転手募集」の貼り紙が見られる。日本通運のグループ会社「NX総合研究所」は、このままでは30年度は、19年度と比べて輸送能力が34％減り、9・4億トンの荷物が運べなくなると試算している。スマホで「ポチッと」したら、翌日自宅に商品が届くというサービスも消えるかもしれない。

路線バスも運転手不足で減便、廃止が相次ぎ、地域の移動手段が奪われている。

介護職員は40年度までに19年比で69万人増やす必要があるが、それどころではない。すでに人材流出が始まり、22年は働き始める人より離職する人の方が多かった。

ただ、企業も人々も40年のディストピアを指をくわえて待っているだけではない。人手不足を見据えて動き出し、希望を感じさせる変化もある。40年の「8がけ社会」まで待ったなしだ。

2 人手奪い合い

人材争奪戦が起きている。生活を支える担い手は減り、どんづまりが連鎖する。それは日本全体の地盤沈下を引き起こしかねない。

スーパーの時給は介護施設より高く

昨年11月、群馬県桐生市の特別養護老人ホーム「ユートピア広沢」の施設長、服部弘さん(47)は求人広告に目を見開いた。時給1千円で介護スタッフを募集していた広告の並びに大型スーパーが時給1300円でレジ打ちの求人を出していた。「時給300円も違えば、介護業界を選んでもらえるはずがない」

いまは配置基準を上回る職員を確保できている同施設でも、法人の全職員の平均年齢は50歳。若手は少なく、同施設の職員90人のうち20代は10人ほど。そのうち一人が一昨年、アパレル業界に転職した。

施設では最近、1年で数人が退職する。そのたびに求人を出すが応募は以前より少ない。時給を上げたくても、一法人の努力では難しい。

今後ますます人材確保が厳しくなる「8がけ社会」の2040年。服部さんは「介護を受けられる場所がなくなるのでは」と危惧する。

津市の工務店の営業職、岩本昌之さん（40）は32歳の時、10年働いた介護業界から転職し、年収は倍近くになった。

29歳で結婚し、2人の子どもが生まれた。32歳でマイホームを建てて住宅ローンを組んだ時、不安が募った。当時の年収は300万円台。子どもの教育費を考えるとやっていけないと思った。

人材仲介会社からはいまも「転職しませんか」と電話がかかり、自身も介護職員を営業先で見つけると「うちで働かないか」とスカウトする。

人手争奪戦の渦中でさらに厳しさを増す介護業界の行く先はどうなるのか。岩本さんは「立ちゆかなくなるとか思いもしなかった」と漏らした後、こう続けた。

「でも、自分の会社も人が足りていないしな」

記者は、リクルートワークス研究所の未来予測で、人手不足が全国で最も深刻なレベルになるとされた新潟県を訪ねた。すると、その兆しが見え始めていた。

鏡餅の生産が佳境を迎える12月、パックご飯「サトウのごはん」で知られるサトウ食品の工場（新潟県新発田(しばた)市）を訪れた。フル稼働と思いきや、生産ラインのベルトコンベヤーの速度を落としていた。

人材派遣会社24社回っても……

そのそばで製造1課の高橋伸治課長（53）が頭を抱えていた。

「今年、24社の人材派遣会社を回ったんですけど派遣社員が集まらなかったんです」。この日も生産ラインに予定人数を配置できなかった。

鏡餅の飾り付けや箱詰めはほぼ手作業だ。白衣の作業員が次々とラインを流れていく鏡餅の飾り付けや検品をしていく。

生産ラインに立つ派遣社員65人の平均年齢は55歳。30歳以下は3人しかいない。

ここ3年で派遣社員が集まらなくなった。時給は10年前に比べ1・5倍も高い。高橋課長は「もう時給さえ上げれば人が集まるという状況じゃない」と言う。

同社だけではない。他社もこのままでは鏡餅の生産が追いつかないとみて、業界団体をあげて例年12月まで受け付けていたスーパーなどからの受注を初めて10月末で締め切った。

働き手の人口がいまの8割になる2040年の正月には鏡餅はどうなるのか。常務取締役の佐藤浩一さん(52)は「鏡餅を全国にお届けできなくなるかもしれません」と語る。

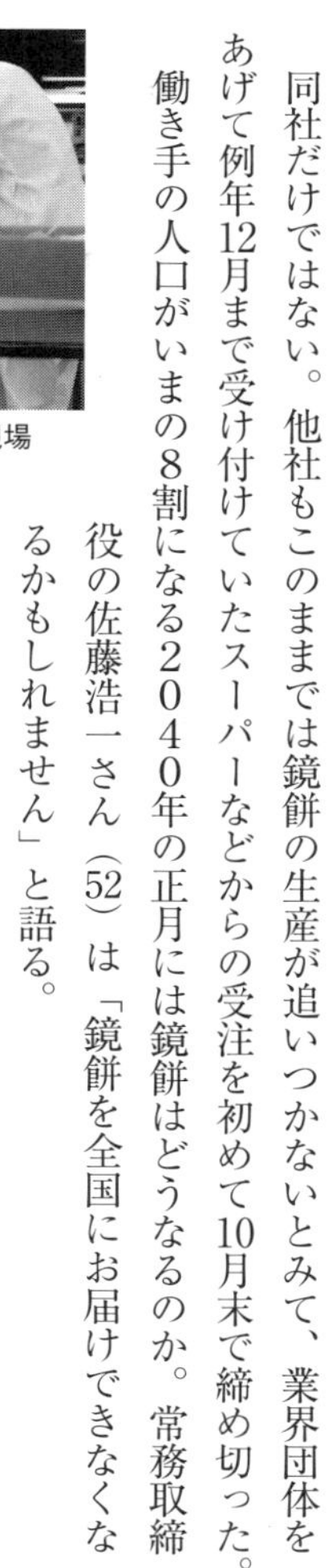

サトウ食品新発田工場、鏡餅の生産現場

新潟の働き手はどこにいるのか。工場から西へ約30キロ。北信越の最大都市・新潟市にあるハローワークに足を運んだ。

ハローワークで見た人材の奪い合い

就職相談を終えた男性(21)が笑顔でブースから出てきた。男性は高校卒業後、新潟市内の建設会社に就職したが、3カ月で退職。その後は数年間食品工場で働いていたが、人間関係や職場環境を理由に退職した。「次はパソコンを使うような仕事がいいかな」と言う。

パソコンのスキルは持ち合わせていないが、希望する職種で「未経験者歓迎」の求人が10社近くあった。「工場よりも待遇がいいし、体力的にも楽そう。思ったより仕事ありますね」

同じころ、ハローワークの別のフロアでは、人材確保に頭を悩ませる介護施設事業者33社がアドバイザーの話に耳を傾けていた。

一人の女性職員が手を挙げた。「求人の方法は、広告やホームページ以外にないでしょうか」

女性が勤める介護施設では、職員2人を募集しているが、なかなか見つからない。女性は「昔は人が選べたんだけど……」とぼやく。人材が限られる中、どこかに人が集まれば、どこかに人が集まらなくなる。

2023年10月時点で、ハローワーク新潟管内の有効求人倍率は介護職4・24倍、バスやタクシー運転士などの輸送関連4・67倍、建設業8・56倍なのに対し、事務職が0・68倍だ。

人材の奪い合いは県内の企業同士にとどまらない。

東京のＩＴ企業が新潟進出。広がる勝者と敗者との差

ハローワークの職業紹介部長の石田朗子さん（59）が一枚の求人票を見せてくれた。新潟市に進出してきた東京のＩＴ企業のカスタマーセンターの求人だ。

経験不問に加え、賃金体系などの待遇が地元企業に比べて段違いで、若者から問い合わせが相次いでいる。東京で人材獲得に苦しんだ企業が新潟で人材を確保する。市によると、そんな企業がいま県内に40社ほど進出し、今後数年間で１７００人以上の雇用を生む予定だという。

働き手にすれば歓迎すべきことのようにも映る。ただ、石田さんは「痛しかゆし」と表現する。その陰で生活への影響が出始めている。

新潟県で現実味を帯びる「未来予測」

２０２０年代後半から生活維持サービスを中心とした担い手が不足。それは慢性化し、40年代には人手不足率は30％以上になる――。リクルートワークス研究所の「未来予測」でこう予想されたのは、新潟県、京都府、愛媛県、徳島県などだ。

新潟で起きている人手の奪い合い

ハローワーク新潟管内の2023年10月のデータから

労働力

全体の有効求人倍率 1.90倍

人手が集まる ⟷ 人手が集まらない

0.68倍 事務

3.28 販売

4.24 介護

4.67 輸送

8.56 建設

15.11 警備・保安

新潟市の未来は……

新潟市の未来予測や取材などから

	2020年	2040年	
人口	79万人	67万人	転出超過は若者の東京圏への転出がほとんど
高齢化率	29.7%	37.8%	介護や医療サービスを担う人が不足する
救急搬送人員	3万1千人	3万9千人	緊急性の高い救急事案に速やかに対応できない
水の使用量	7382万㎥	6497万㎥	水道料金収入が減少し、水道事業が維持できない。水道管を修理する担い手も不足。将来、漏水が多発する
橋りょうの老朽化割合	26%(21年)	70%(41年)	点検・維持補修する人が足りず、すぐ修繕できない
75歳以上のトリップ数※	5万3512トリップ(16年)	7万6981トリップ	バスや鉄道は減便。高齢者の移動が制約される可能性

※トリップ＝人がある目的をもって移動した時の単位

リクルートワークス研究所の予測では……

2040年、新潟県全体で労働力が約44万人足りなくなる

人手不足の先に何が起きるのか。新潟県を昨年11月に訪れ、取材してみると「未来予測」はすでに現実味を帯びてきていた。

人口77万人の新潟市。今年10月にも水道料金を2〜3割引き上げるという検討に入っていた。

値上げしなければ、24年度には水道事業が初めて赤字に転落し、25年に資金がショートする予想だ。財政悪化の背景には人口減による水道利用料の減少と、人件費・資材費の高騰、インフラ老朽化による修繕費の拡大がある。

ただ、現場を取材すると、値上げ

で問題が解決するほど単純ではなさそうな現実が見えてきた。

「昔は人手がなくて工事ができないなんてことはなかった」

水道局でキャリア30年を超える経理課長の大野卓也さん（55）はため息をついた。

水道管の修繕工事の落札者が見つからないのだという。23年度にかけ3回入札を行っても落札されない現場も出ている。市水道局によると、22年度の入札不調は23件で、13年度に比べ3倍に増えた。入札に参加しなかった事業者からは「深夜作業は人手が集まらない」「交通誘導員を確保できない」という声が寄せられた。


記者は、工事を担ってきた新潟市管工事業協同組合の新潟興業を訪ねた。出迎えてくれたのは、68歳の男性。いまも作業員として配水管工事の現場に出るという。

そばで総務部長の北見淳一さん（61）が苦笑いを浮かべて言う。

「本当は定年なんだけど、人手が足りないから働いてもらっているんですよ」

創業約60年になる同社は主に市が発注する配水管の修繕工事を受注してきた。例年、年間10件ほどの工事を請け負ってきたが、最近は5、6件ほどしかできない。

一番の理由は下請けの人手不足だ。ピーク時には作業員が1日に20人近く集まり、3現場を同時並行で回せたが、いまは6人で1現場しか回せないことも。人手不足で廃業した下請けもある。

複数の下請けから営業攻勢があったのも昔の話。「いまは我々が下請けに工事に入れるか確認してから入札に参加している」と北見さんは言う。

同社も高齢化が著しい。新卒社員を採用できたのは昨年が4年ぶり。40年にはおよそ半数の社員が定年を迎える。

「これから老朽化した配水管の更新工事がピークなのに、人手は減っていくばかり」。北見さんは頭を抱える。

難しい解決策

新潟市が独自に作成した新潟市版「地域の未来予測」にはこう記されている。

老朽化したインフラを点検・補修する人材が不足、災害時に避難を支援する人手は不足し、緊急性の高い救急事案にすぐに対応できない――。

高齢者人口がほぼピークになる2040年の新潟市の姿を予測したものだ。

市の総合計画を作る政策調整課の倉地広一郎さん(38)が手元に持つ国の未来予測に関

する本には、マーカーがたくさん引かれていた。「人口減少を緩和するべく努力は続けますが、将来労働力が不足することを見据えた街づくりをしないといけないと思っています」

「地域の未来予測」では、建設から50年を超える橋が21年の26％から41年に70％に急増、介護需要は20年と比べて25％近く伸びることなど、様々な生活サービスで需要に労働力の供給が追いつかない可能性を指摘する。

ただ、新潟県内の各地を取材すると、その場その場では「人手不足」が叫ばれているのに、少ない労働力をどう融通し合うかを考える議論もなければ、調整役もいないことに気づく。

労働力の奪い合いでエッセンシャルワーカーの人手不足は急速に深刻化している。その反動がすべて市民の生活に跳ね返ってくる現状を市はどう解決しようとしているのか。市で雇用政策を担う山田悟志さん（43）に疑問をぶつけてみた。

山田さんは机にひじを置き、1分間考え込んだ。そして、言った。「すみません、保留にさせてください」

新潟市だけではない。日本各地で解決策を見いだせないでいる。

貨物線の存廃……食卓のタマネギに危機

各地の人手不足は全国に影響を及ぼしつつある。例えば野菜。毎年秋になると、北海道産のタマネギやジャガイモが全国の卸売市場でシェア100％近くを占める。タマネギの一大産地、北見市の運送関係者は「これまで物流を止めずにきたが、運びたいけど運べない状況が来るのではないか」と不安を募らせる。タマネギの大半を全国へと運ぶ貨物鉄道が、存続の危機にある。

2030年度に新幹線が札幌まで延びると、並行する在来の函館線はJR北海道から経営が分離される。第三セクターが引き継いだとしても、赤字は目に見えている。

函館線が廃止されれば貨物鉄道が通れず、船でしか道外に大量にものを運べなくなる。貨物鉄道の荷物を船が肩代わりするのはほぼ不可能だ。

まず、港まで荷物を運ぶトラック運転手がいない。船もコンテナなどの積み下ろしや運搬を担う港湾作業員が不足し、輸送力には限界がある。

ものが運べなくなれば、価格が上がる。立ちゆかなくなった生産者が農業から離れれば、消費者が生産物を手に取ることすらできなくなる。

北海道の農畜産物の物流を担うホクレン農業協同組合連合会の岡田拓也・物流三課長は訴える。「北海道だけではない、農業だけではない。自分の生活、自分の地域の問題だという感覚を持ってほしい」

「常識を見つめ直す機会に」

「8がけ社会」を前に労働者の奪い合いが起きていることをどう考えればいいのか。立教大学の首藤若菜(しゅとうわかな)教授は「いま深刻になっている人手不足は、私たちの社会が作り出してきた面もある」と指摘する。

運送業などでは規制緩和が進み、便利で安くサービスを受けられるようになった。だが、その利便性は働き手の賃金低下や長時間労働から生み出された部分がある。首藤教授は「特にこうした業種で、働き手が離れ、人口減少以上の人手不足に陥っている」とみる。

価格に見合わない過剰なサービスの陰には働き手へのしわ寄せがあり、職場を疲弊させている。「人手不足はこれまでの常識を見つめ直す機会になる」と話す。

圧倒的に少ない若者世代、その声の反映を

「8がけ社会」の取材を通して、持ち続けてきた問題意識がある。16年後の2040年、一番割を食うのは若者なのではないか、ということだ。

私はいま大阪に60代の両親がいるが、自分で介護はしないと決めている。両親も納得している。記者として脂がのったときに、生きがいでもある仕事を、介護を理由にセーブしたくない。だから、両親が介護を必要とするようになったときには介護サービスを利用しようと思っている。ただ、介護サービスにお願いしたくても「介護職員が足りないから受け付けられません」と断られる時代がくるかもしれない。それが「8がけ社会」だ。誰かが両親の介護を担ってくれなければ、仕事を制限するしかない。

私だけではない。誰しもが同じ境遇に陥る可能性があり、労働力はますます失われていく。労働力不足の連鎖で、働きたくても働けない状態になる恐れがある。そんな日本社会をどうやって支えるのか。

現役世代が汗水流して働き、高い社会保険料を払っていても、自分たちが高齢者になったときには、現在と同等のサービスが受けられないかもしれない。正直、不公平だと思った。

音声配信の朝日新聞ポッドキャストに出演し、自分の意見を率直に言った。「高齢者は医療費自己負担にすべき」「シルバー世代は選挙権か年金かのどちらかにすべき」。出演後に、言い過ぎたと反省したが、寄せられたコメントには「自分の事も大事ですがこれからの若者の事を考えなければ」など好意的なものもあった。普段新聞にふれる機会が少ないであろう若者からの共感のコメントも少なくなかった。

ほかにも、社会保障の負担に不公平感を訴える若者グループのデモも取り上げた。社内の議論でも「世代間対立をあおるべきではない」などの意見が出た。人権を最優先すべきというのは、当然だ。ただ、シルバー民主主義と呼ばれるように、若者が圧倒的に少ない時代には若者の声が政治に反映されづらい。だからこそ、若者の疑問や不安を取材して問題提起したいと考えている。将来を担う若者世代も含めて社会全体で考えていかなければ、8がけ社会は乗り越えられない。

（笹山大志）

3　変えられた未来

未来を探るには過去に学ぶことが必要だ。働き手が減る「8がけ社会」は予見できた「未来」だった。なぜ変われなかったのか。

東京都内の福祉事務所で相談員として働く女性は1995年、大学を卒業して社会に出た。速読教材を売る会社に就職したが、土曜出勤してもお金をもらえず、1年半で辞めた。その後は派遣の仕事を転々とした。コールセンターやクレジットカードの信用調査など、半年から1年で「次はここへ」と派遣会社から言われるがまま、会社を渡り歩いた。三つの仕事をかけ持ちしたこともある。

いまの職場も非正規。人手不足でサービス残業をせざるを得ない時期もあったが、懸命に働いてもいつ切られるかわからない不安を抱える。「一日一日を生き延びる感じ。とにかく食いつなぐ気持ちで、人生設計なんて考えられませんでした」

最近、社会福祉士の勉強を始めた。仕事を切られても「少しでも自分を守れるように」という思いからだ。

バブル崩壊後に企業が新卒採用を減らした1990年代後半から2000年代前半。就職氷河期とされた時代に社会に出た世代、ロストジェネレーション（ロスジェネ）は、派遣やバイトなど非正規で働く割合が他世代と比べて格段に大きい。

生かせなかった過去

この女性のように、低賃金と不安定雇用を強いられたロスジェネは結婚や子育てをする力を奪われ、出生率は2005年に過去最低の1・26まで低迷した。第2次ベビーブームの団塊ジュニアを含むロスジェネ世代が結婚して子どもを生めば、「第3次ベビーブーム」がくると目されたが、そうはならなかった。

いま50代を迎えつつあるロスジェネの子どもは20代にさしかかり、これからの社会を支える世代となる。

「最大の危機かつ最後のチャンスは、ロスジェネを生んだ時期だった。女性が男性並みに働くことを社会は受け入れず、非正規雇用を黙認した」

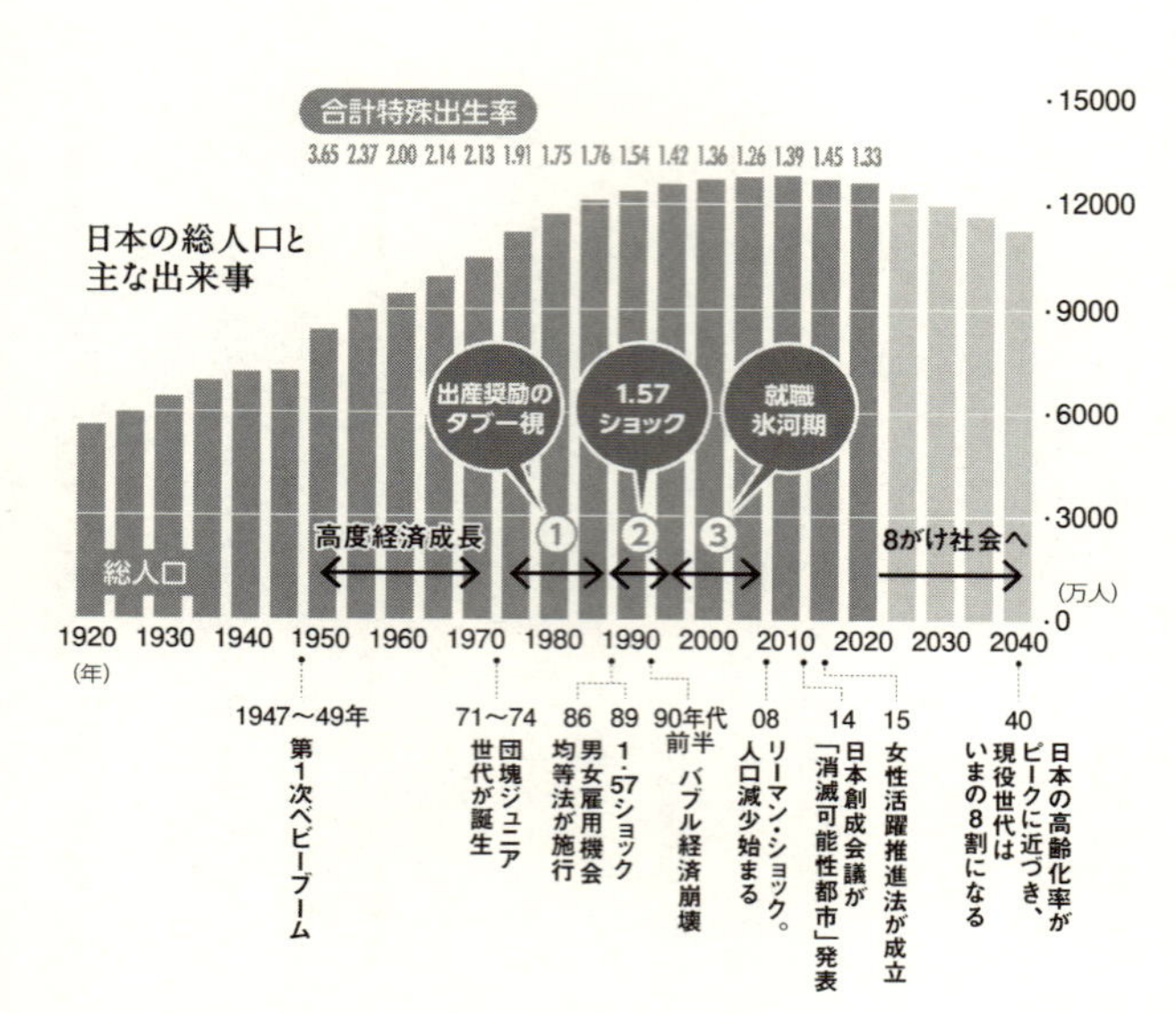

危機的な状況にある人口問題にいまも関わる元厚生労働省幹部は、唇をかむ。

自身も当時は介護を所管する課長として高齢化の対応に追われていた。当時の省内では、高齢者と子どものどちらが大事かの議論さえなかった。「仕事の90％以上が切迫感のある高齢者問題だった」

ある時、将来への手を打つべきだと注意喚起しようとしたが、政治家からは「暗い話をするな」と言われた。時が経つと「いまさら無理じゃないか」に変わった。

なぜ危機感がなく、問題に向き合えなかったのか。

「ものを決めるのは、みんな男。中でもおじさんなのよね。おじさんが世の中を支配しているんだから」

労働省婦人局長として1986年に施行された男女雇用機会均等法の成立に力を尽くした赤松良子さん（故人、2023年12月に取材）の前に立ちはだかったのは、経営者であれ政治家であれ、多くが年配の男性だった。均等法制定までの道のりは厳しく、制定の動きに反対意見が寄せられた。

「男性は基幹労働、女性は補助労働を原則として日本の終身雇用制度が維持されている」

「女性の待遇を上げれば人件費が上がり、企業の競争力が低下する」

政界や同じ労働省内からさえも、抵抗はあった。赤松さんが挑んだのは「おじさんの壁」だった。

女性1人が生涯に産む見込みの子どもの数を示す「合計特殊出生率」が、それまでの過去最低を下回った「1・57

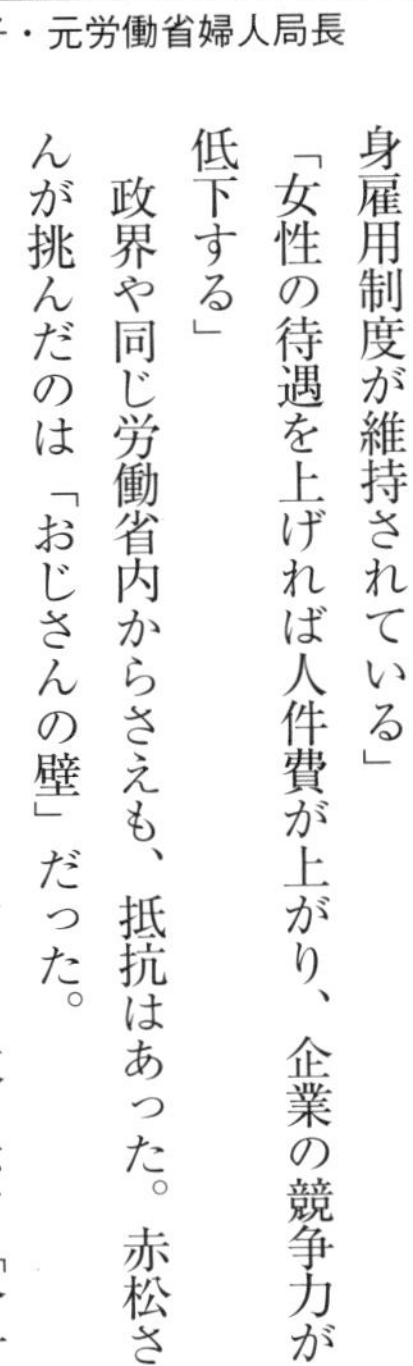
赤松良子・元労働省婦人局長

ショック」が発表されたのは90年6月。当時の閣僚は全員男で、平均年齢は63歳だった。「女はいずれこうなることはわかっていたのよ。ようやく『ショック』を受けたのは、おじさんたちだった」

赤松さんは、女性を低待遇に押しとどめる問題を予見していた。「女性が働かなかったら働き手は増えない。女性が働くことは大事なこと。女性が働きやすいようにしようって企業が思わなきゃいけない」

新卒一括採用や年功序列、終身雇用といった会社にすべてを委ねるような日本型雇用は、高度成長を支えた原動力だとされてきた。だが、バブル崩壊後には、年長世代の雇用を守ろうとし、世代間のバランスを顧みずに新規採用を絞り込んで非正規雇用を増やす一因になった。

「均等法ができてもすべて解決するとは思わなかった」

赤松さんは均等法制定の前から、問題は日本型雇用にあるとみていた。１９６０年代、研修で訪れた米国で、主婦の再就職が進んでいる状況を目の当たりにした。終身雇用や年功序列が原則の日本では、再就職の厳しさは米国の比ではなかった。

予見できた「未来」、変えられなかった現実

人口減少が止まらなかった3つの分岐点

①1970年代後半〜80年代
出産奨励のタブー視
出生率が大きく低下したが、戦前の「産めよ、殖やせよ」政策への反省、戦後以来の出生抑制政策の流れが強く、対策は講じられなかった

②1989年〜90年代前半
1.57ショック
出生率が1.57になり政府が対策に乗り出したが、目の前の高齢化対策が優先され、十分な対策が取られなかった

③1990年代後半〜2000年代前半
就職氷河期
経済危機による就職氷河期で、若者の多くが非正規雇用など厳しい就労・生活環境に追い込まれ、晩婚化や未婚がさらに進んだ

長時間労働など男性を含めた職場全体の働き方の問題に目を向けなければ、女性はいつまでも半人前にしか扱われない。

だから、均等法ができればすべてが解決するとは思っていなかった。

「均等法は職場で差別をするのをやめてくださいよ、と言っているだけ。女は家で飯を作っていればいいって思っている人には関係ない。そこが苦労だったのよね」

その見立て通り、均等法が86年に施行されると、企業は基幹的な業務の総合職と補助的な一般職という区分を設け、女性を補助業務に押し込

めた。これが後の非正規雇用につながっていく。

いまから約40年後、ロスジェネ世代を含む未婚・離別の単身女性の約半数が老後に生活保護レベル以下の収入になる。国際医療福祉大学の稲垣誠一教授は、そう推計した。単身で高齢化した彼女らを支える現役世代はやせ細り、介護や医療を支える人手は絶対的に不足する。「8がけ社会」の負の側面が大きく広がる未来が迫っている。

衝撃的なメッセージのその後

若い世代が地方から首都圏に吸い寄せられる「東京一極集中」も進んだ。子育てのインフラに乏しい東京は平均出生率が低く、人口は減っていった。しかし、東京が人をのみ込む勢いは止められなかった。

2040年までに全国の約半数、896自治体が消滅する可能性がある——。14年5月、民間研究機関が発表した「消滅可能性都市」が世間の耳目を集めた。危機感を強めた自治体は少子化対策や移住を増やす対策をとり、国も「地方創生」を政策の旗頭に掲げた。

あれから10年。衝撃的なメッセージを打ち出した予測はその後、「未来」を変えたのか。

消滅可能性都市の定義は、20~39歳の若年女性が5割以下に減ってしまう自治体のこと。

当時、若年女性の増加率が全国トップだった石川県川北町を23年12月、記者が訪ねた。

「公園はあるけど、保育料が高い東京近郊で子育てするのは無理だと思いました。引っ越してから、公共料金の安さはありがたかったです」

2人の子どもを育てる50代女性が同町に移住したのは17年前。手取川の北岸に位置する人口約6100人の小さな町は、当時から「子育て世代にやさしい」施策が充実していた。川の水に恵まれ、1993年度から家庭の水道料金は1カ月10立方メートルまでは無料。ゼロ歳児で保育料は月2万円で、2000年度からは不妊症治療費の7割を助成する制度を全国に先駆けて始めた。

金沢市と小松市の間に位置するベッドタウンとして、子育て世代の流入が相次いでいた。だが、あれから10年。町を歩くと、優等生の自治体さえも苦労した姿がみえてくる。人口は15年をピークに減少に転じ、若年女性の割合も減った。豊かな水を求めて立地した液晶大手の工場は、「コスト高」とされる国内事業を縮小し、従業員の数は激減。手厚い福祉の元手となった税収もピーク時から3割減った。

町は昨年6月分から、30年間すえおいてきた水道料金の値上げに踏み切った。東京というブラックホールにのみ込まれる人口に比べれば、移住者はわずか。「自治体間で人の取り合いになってしまった」と町の担当者は話す。

「消滅可能性都市」の提唱者・増田寛也氏に聞く

消滅可能性都市の発表にどんな意味があったのか。川北町を訪ねた後、研究機関の座長として発表した増田寛也（ひろや）・元総務相に聞いた。

安倍政権は2014年、発表に後押しされる形で地方創生を掲げて担当相を設置した。東京一極集中の是正を目的に、地方創生交付金や都内の大学の定員制限などを打ち出したが、地方や全国の人口減に歯止めはかからなかった。

増田氏は著書で「予測がなぜ政策や企業活動に活かされないのか不思議です。自らの死活問題なのに」と書いた。なぜ「消滅可能性」という衝撃的な言葉でも、変えられなかったのか。

増田氏が岩手県知事だった1995～2007年、全国知事会で人口減少が話題になることはなかったと記憶している。地方では人口は減り始めていたが、日本の総人口が減少に転じた人口減少元年は08年。それでも、まだ危機感は薄かった。

「戦後の人口増加の時代、政府が人口抑制にこだわってきた時代がある。戦前の『産めよ殖やせよ』が思い出され、結婚や出産に国が介入することへのタブー視があった」と増田氏はみる。

「消滅」が近づく現実

地方創生では、独自性をもって予算を活用できるようにするため、各自治体に総合戦略の作成を求めた。だが、2017年の地方自治総合研究所の調査によると、全国1342自治体の約8割が戦略策定をコンサルなどに外注していた。

ある自治体の担当者は「地方創生の名目で国からの要請は山ほどあり、プレミアム商品券やマイナンバー導入の準備への対応も同じ時期に重なった。自分たちで本質的な計画を練る余裕がなかった」と打ち明ける。東京に本社を置くコンサルは多く、地方へのお金は首都に還流していた。

増田氏も言う。「コンサルが『これをやると金が取れる』と勧める計画ばかりで、結果的に金太郎あめのように形式的なものが多くなってしまった」

そして、こう続けた。「人口問題への危機感は高まったと思うが、10年経っても、20〜39歳の女性の3〜4人に1人は東京圏にいる。東京の一極集中は全然止まっていない」

しかも、地方に仕事の場を増やすことにつながったものの、それは非正規ばかりだったという。本来であれば国が責任と覚悟を持ってやらないといけなかった、と増田氏は振り返る。

政府が地方に号令をかけて始まった地方創生は、人も金も東京に引き寄せられるという結果を生んだに過ぎなかったのではないか。

国立社会保障・人口問題研究所は昨年末、5年に1度の「地域別将来推計人口」を公表した。推計では、2050年の総人口が20年より3割以上減少する市区町村は60%を超える。「消滅」の2文字が現実に近づいている。

「8がけ社会」に至る流れを食い止められなかったのはなぜだったのか。取材から浮かび上がったのは、「男性、年配、東京」に偏る国の意思決定の形だった。

*

人口減少は日本だけの問題ではない

そう、私たちの世代は、わかっていたはずだった。若い世代からの問いかけが重く響く。「8がけ社会」は、最近になって突然姿を現したわけではない。警告音は以前から何度も鳴っていた。

2040年に生産年齢人口、つまり現役世代が2割減る。こんなことがなぜ起こるのか。それが起きることは、いつからわかっていたのか。ここで改めて、日本社会の人口減少についておさらいをしたい。

はじめに確認しておきたいことは、人口減少は日本だけの問題ではないということだ。近代以降に産業的、経済的に発展した国家にとって、少子化と人口減少は避けることができない宿痾（しゅくあ）とも言える。

前近代の社会は、きょうだいは多いが成人する前に死ぬ率も高い、つまり「多産多死」であることが普通だ。農漁業など第1次産業が中心の社会では、労働力となる子どもは多い方がよかった。しかし、感染症や栄養状態の悪さなどで早くに命を落とす乳幼児や子どもも少なくなかった。

そんな段階で近代化を迎えると、何が起きるか。医療体制が発達し、衛生観念も向上することによって、乳幼児死亡率が急激に改善する。この「多産少死」になったタイミングで人口は爆発的に増加することになる。これを人口学では「第1次人口転換」と呼ぶ。

日本も、その道筋をたどった。1920年代から第2次世界大戦を挟んで1960年代ごろまでが、この第1次人口転換の時期にあたる。戦後の第1次ベビーブーマー、いわゆる「団塊の世代」は、人口急増の象徴的存在だ。

人口爆発を経た多くの国では、その後、急速に出生率が下がり、「少産少死」となる。その理由は多岐にわたるが、産業構造の転換、女性の社会進出と性別役割分業意識、結婚観と人生観の変化、子育てのコスト上昇、経済的格差の拡大などが挙げられている。現代社会では、子どもは労働力ではなく、お金と手間暇をかけて育て、教育を受けさせる存在に変わった。

そして、後から遅れて近代化した国ほど、人口が急激に増え、急激に減少する傾向がある。西欧諸国が時間をかけて発展してきた近代化の道筋を、後発国は倍速、3倍速の早送りで追いかけるためだ。明治維新後に富国強兵政策で西欧の技術文明を取り込んだ日本は、その代表選手である。

人口学の分析では、日本の人口減少は不思議でも何でもなく、起こるべくして起きたことに過ぎない。実際、戦前の日本で、人口学の研究者は8がけ社会の到来をすでに予想していた。
「昭和百年の分は現在いずれの国においても見るを得ぬごとき若年人口の少数、老年人口の多数なる年齢構成を示している」。昭和百年、つまり２０２５年には労働力が激減する。国立社会保障・人口問題研究所（社人研）の前身、人口問題研究所が戦前の１９４０年に発表した文章である。

人口研は戦前の１９３９年、他国に先駆けて設立された。その翌年に発表された将来推計人口で、すでに現役世代の減少と高齢者の激増は推計されていたのである。それを私に教えてくれたのは、社人研の国際関係部長である是川夕（これかわゆう）さんだ。

人口研の推計では、総人口が１９６５年に1億人に達し（実際は１９６７年）、２０００年に1・23億人でピークを迎える（実際は２００８年で1・28億人）とも予測している。数年の誤差でほぼ日本の人口の推移を言い当てていることに驚きを禁じ得ない。この推計が発表されたのは、高度経済成長はおろか日本の敗戦すら知るはずのない時代だったのだから。

このことからわかるように、人口学による将来人口推計は、経済や政治など他の社会事象と比べて、はるかに精度が高い。つまり、８がけ社会は１００年近く前から予想できたことだった。

将来世代に対して負うべき責任

戦後、日本経済が右肩上がりだった1970年代にも警告を発した人がいた。第1次ベビーブーマーを「団塊の世代」と名付けた当人である作家の堺屋太一(さかいやたいち)さんである。彼は生前、私にこう語った。「昭和のころだったか、来世紀は人口が減少するから、いまから対策を、と官僚らに忠告した。しかし、むしろ人口過剰の方が問題だ、と相手にされなかったんだよ」

堺屋さんは97〜98年、朝日新聞に『平成三十年』という小説を連載している。人口が減少する中、東京一極集中が続いて地方は衰退し、国の借金は増え続ける。そんな平成30年の日本を描いた未来予測小説であり、現在の日本社会を写し取ったかのような描写が続く。

この小説が単行本化された際の上巻の副題は「何もしなかった日本」だった。「現実は、その予想よりもさらに『何もしなかった』のが日本でしょう」と堺屋さんは話した。

人口減少が避けられないことはわかっていた。ならば、どう軟着陸させるかが問題となる。その対策を怠っただけではなく、さらに悪手を打ち続けた結果が現在である。これは、一定以上の世代が、将来世代に対して等しく負うべき責任だろう。

出生率が過去最低だった丙午の１９６６年を下回った驚きから、１・57ショックという言葉が生まれた翌年、１９９０年に私は新聞記者になった。数年も経たぬうちにバブルがはじけ、世の中は不況の一言で塗りつぶされて、少子化は話題に上らなくなった。

特に悔やまれるのは２０００年代だ。２００７年の朝日新聞の１面新年企画は、当時25歳から35歳だった若者たちを主人公にした「ロストジェネレーション」というタイトルだった。彼ら彼女らは、１９９５年から２００５年ごろまで続いた「就職氷河期」に社会に出た世代である。

この企画をきっかけに、就職氷河期世代は「ロスジェネ世代」と呼ばれるようになった。この取材班のキャップとメイン筆者の一人を務めたのが私だった。

当時から付き合いのあるロスジェネ世代のオピニオンリーダー、作家の雨宮処凛さんに会った。１９７５年生まれの彼女はいま、深い絶望を感じているという。「私たちの身に起きたことはすでに過去形になった。取り返しのつかなさに打ちのめされています」

ロスジェネを世に問うたとき、取材班が注目したのは、若年男性の非正規化だった。だが、その何倍もの女性が就職難に悩み、低賃金労働を余儀なくされていたことに当時は目が向かなかった。

非正規雇用に追いやられた自分たちは「働く気のない若者」とバッシングされ、一顧だにされなかったと雨宮さんは振り返る。「私たちの世代の多くは結婚も出産も選べなかった。それは誰の責任でしょうか」

「家や車、結婚、子どもなど、親世代が持っていた『一人前』の称号を何も得られないまま、ロスジェネは50代に突入しようとしている。この十数年、正面から直球で実情を訴えてきたのに、政治から、社会から見捨てられ続けるとは思ってもみませんでした」

もっと声を上げることができたはずだ、という思いが消えない。ロスジェネという言葉が日本に刻み込まれた負の刻印となる前に。

しかし現実には日本社会は、この世代から持てる力を発揮する機会を奪うと同時に、次世代を生み育てる力を削いだ。

一部の人の犠牲の上に成り立つ社会は持続可能性を失う

ロスジェネ世代に限ったことではない。これまで見てきたように、若い女性に生きづらさを感じさせるジェンダーバイアスは日本社会に根強く残っている。大学進学や就職ではアンコンシャスバイアスや慣行による不平等な状況が続き、家庭内でも性別役割分業意識によって家事育児の負担が女性に大きく偏る状況が続く。

女性の社会進出は不可逆的に進んでいる。社会の側も現役世代の減少によって女性の能力を必要としている。にもかかわらず、有形無形のジェンダー不平等によって女性たちにさらに重荷を背負わせるような社会で、出生率が上がるはずがない。

日本以外でも、韓国、イタリアなど、男性優位の家父長制的な価値観が根強い国は少子化傾向が強いとされる。結婚や出産をすることで女性が主体的に生きることから遠ざけられるような社会では、子を産まない選択の方が合理的だと考える人が増えても不思議ではない。

そして、仮にいま、子どもを増やすことができても、2040年には間に合わない。8がけ社会を乗り越える方策を探ると同時に、少子化対策をする。困難な二正面作戦を、この国は求められている。

その際に決して忘れてはならないのは、すべての人が生きやすい社会をつくることだ。女性やロスジェネ世代など、一部の人の犠牲の上に成り立つ社会は持続可能性を失う。この半世紀の日本が体得したことである。

過去の人間は、現状に責任がある。そしていまを生きる人たちは、将来世代に責任を負うことになる。

「過去」をつくったのは私たちでもある

わかりきっていた未来をなぜ変えられなかったのか。変えられたかもしれない過去の分岐点はどこにあったのか。そのとき、政策決定者や権力者たちは何を考え、どのように選択したのか。それを検証することで、過ちを繰り返さず、あるべき未来へ向かう力としたい。過去の当事者たちを取材することにしたのは、そんな狙いからだった。

若者に非正規雇用を押しつけ、女性が働くことを受け止められない社会をつくってしまった——。厚生労働官僚は「こんな社会を残してしまい、恥ずかしい」と弁明していた。こうした「懺悔(ざんげ)」を聞くことは取材前から予想していたことだった。過去の誤った選択こそ、望ましくない現在の原因となったのだから。

ところが、取材を重ねていくと、彼らへの私の印象は変わっていった。当時の選択はやむを得ず、自分が同じ立場でも同様の選択をしたのではないかと思うようになった。目の前で支援を必要とする膨大な高齢者の福祉政策を重視するのは、必ずしも非合理的な選択とは言えない。当時置かれた環境で、当事者たちは最善の選択をしようと悩んでいたこともわかった。

この官僚は、いまの日本社会は太平洋戦争のときと似ている、とさえ言った。日米の国力の違いは統計的に明らかになっていたのだから、統計の数字を理解していれば戦争はしていなかったはずだ。未来の人口減もデータをみれば、当然の帰結だった。こうした「不都合な真実」から目をそらし、自分とは無関係だと思い込む。これは戦時中もいまも同じなのではないか、と。「どうせ人口は減る」という思考停止こそ、彼らが直面した越えられない壁だった。

「大きな社会構造改革は大多数の国民の理解がないと、絶対にできない。政治家や官僚ができるのは、きっかけをつくることだけだ」

いまの社会をつくったのは、政治家や官僚だけではなく、私たち自身にほかならない。過去を振り返って痛感したのは、何のことはない、この事実だった。

本文でも指摘したように、「男性、年配、東京」に偏る意志決定の構造によって、変化が阻まれてきたことは間違いない。しかし、それを変えなかったのも私たちである。

社会を変えるのに、秘策はない。ただ、ヒントは2023年末に自宅で取材に応じてくれた、元労働省婦人局長の赤松良子さんの言葉にあったように思う。「鬼の根回し」という言葉だ。

男女雇用機会均等法への政界や財界、労働界からの反対に、赤松さんは根気よく向き合い、会いに行って、自らの考えを話し、相手の心配することを聞き取った。当時はのどを使いすぎて声が出なくなったという。多くの人との丁寧な対話を「鬼」のように徹底したことを自身で名付けたものだった。ユーモアいっぱいに話してくれる赤松さんの笑顔とのギャップが印象的だった。

絶えず対話をすること。私たちが家族や友人、同僚らと議論し、関心を持ち、問題を自分事として理解しようとすること。変化の芽はそこから出てくる気がしている。

（奈良部　健）

4　切り札はあるか

2040年に1千万人以上不足するとされる労働力。ロボットや外国人労働者は、難局を打開するゲームチェンジャーになるのか。

冬の日差しが差し込む農場ハウス。東京ドームと同じ広さの中を、ロボット掃除機「ルンバ」のような形をしたロボットが、ピッピッと音を響かせながら行き来していた。三重県いなべ市にある株式会社「アグリッド」のハウスでは、収穫したばかりのミニトマトが入ったラックを運ぶ搬送ロボットが稼働中だ。

収穫したミニトマトを入れたラックがいっぱいになると、作業員は手元のタブレット端末で「運んで」というスイッチを押す。すると、近づいてきた搬送ロボットが、重さ約350キロのラックを下から持ち上げて出荷場のある建物へ運び、自動で収穫量を計り、ラックを降ろした。

人手不足解決の
ゲームチェンジャーになる?

物流 99.8万人不足

積み荷や荷下ろしをするロボット

導入が進む産業用ロボット

(万台) 30 25 20 15 10 5 0 / (兆円) 1.2 1.0 0.8 0.6

総出荷額(右目盛り)

総出荷台数(左目盛り)

2019年 20 21 22

日本ロボット工業会の資料から

小売業 108.9万人不足

コンビニの品出しロボット

医療 81.6万人不足

遠隔手術支援ロボット

製造業 112.4万人不足

人の近くで働く協働ロボット

建設 65.7万人不足

天井を取り付けるロボット

2040年に不足する労働力。リクルートワークス研究所「未来予測2040」から

降ろしたのは、一度留め置かれる中間ストックと呼ばれる場所だ。食品は、保管されている古いものから順番に出荷する「先入れ先出し」が基本。その作業を担うのも搬送ロボット。指示を受けると、10センチ間隔で並ぶラックの中から、古いラックを選び、出荷場へ運んでくれる。

ハウス内は、端から端まで約250メートル。収穫場所から出荷場まで、人間の力でラックを持ち上げる必要はない。「重いものを運ぶ重労働は人が働きたくなくなる要因。大変な作業はロボットに任せている」と担当者は話す。

ハウス内は、碁盤の目のように、通

路とミニトマトの栽培場所が整然と分けられている。7メートルある天井から日差しが入り、軽快なラジオが響く。近未来感を感じる空間だ。その中で働く搬送ロボットは計7台。ミニトマトだけではなく、刈り取った葉っぱも運ぶ。ラックの位置情報をロボット同士が共有するため、搬送中に別のラックやロボットにぶつかる心配はない。障害物も検知できるため人がいればよける。数十人いる作業員はトマトの収穫と、袋詰めなどの出荷作業に注力できる仕組みだ。

農業において収穫作業は、全体の半分の労働力を占めるとされる。人手が集まらず、収穫されずに残る「取りこぼし」は、いまやどのハウスでも収穫量が上がらない要因となっている。

農業従事者は今後20年で約4分の1に

アグリッドは、自動車部品メーカーのデンソーとトマト栽培などを手がける浅井農園（津市）がつくった合弁会社。浅井雄一郎社長（43）は、無人搬送車や収穫ロボットなどを駆使したスマート農業が人手不足の打開策になるとみている。初めからロボット前提で農場を設計する発想の転換で、持続可能な農業を実現しようとしている。

現役世代がいまの8割に減る2040年代。農業従事者の減り方はさらに深刻だ。農林水産省の推計では現状の123万人（22年）から今後20年で約4分の1に激減する。

原因は高齢化。現在の平均年齢は67・9歳（21年）。半世紀以上前に日本の食を支えた主力層が高齢化した一方、20年後に主力となる50代以下は約25万人しかいない。

「このままでは、日本の農業は終わる。将来、ウクライナ侵攻のような有事などの不測の事態が起きたら飢えることになる」

浅井さんは危機感を感じている。担い手不足に加えて、エネルギー価格の高騰などで生産コストも高まっている。「泥まみれになり、腰も痛い『しんどい農業』はもう成り立たなくなっている」

解決策の一つが、スマート農業だと考えている。アグリッドでは、先端にカメラをつけたアームで、熟したトマトをとる自動収穫ロボットも完成した。人工知能（AI）がトマトの房や熟度、切断部を判断して収穫し、つぶれないように寝かせるようにカゴに置く。人がやればトマト1個あたり数秒で終わる収穫は、現在の収穫ロボットの能力では数十秒かかる。ただロボットは急に休んだりしないため、労働力として計算しやすい。夜も含め24時間稼働させることも可能だ。まずは高値で売れる欧州向けに輸出を始める。

浅井農園のハウスでは、ＡＩが温度や湿度、二酸化炭素濃度などをモニターし、過去のデータと比較しながら水やりや肥料のタイミング、窓の開閉などをコントロールする。目指すのは勘や経験に頼らない「素人でもできる農業」という。

「人とロボットが協働するモデルはできつつある。農地を集約して、技術を使って生産性を上げる。変化を恐れずに立ち向かえばチャンスにもなる」

ロボット導入にコストの壁

東京ビッグサイト（東京都江東区）のホールに入ると、きらびやかなブースがいくつも目に飛び込んできた。至るところに、スーツ姿の人だかり。休みなく動くロボットアームや無人で走る台車に多くの視線が注がれる。

２０２３年の冬に開かれた国際ロボット展。１９７４年の初開催から25回目を迎え、４日間で15万人が訪れた。会場を進むと、ひときわ大きな看板に出くわした。

「人手不足は……ロボットで解決！」

産業用ロボット大手のファナック（本社・山梨県）のブースだ。人と一緒に作業できる「協働ロボット」の売り込みに注力する。展示の目玉は、ケーキの上に職人のように繊細なデコレーションを施すことができるロボットだ。来場者が教えた作業をロボットが覚えて再現し、操作の簡単さをアピールする。

「人に代わって働くロボットの必要性は年々高まっている。狭い町工場もこうした形ならばハードルは下がる」。記者を案内してくれた元日本ロボット学会長の高西淳夫(たかにしあつお)・早稲田大学教授は言う。

自動車や半導体などの製造現場で活躍してきた産業用ロボットは、2022年の生産額が1兆円を超えた。小型化が進み、人から隔離して設置しなければならなかった規制も緩和された。工場の生産ライン以外にも利用が広がり、ビジネスチャンスにつながっている。

さらに期待されるのが、将来の「8がけ社会」を担う「切り札」としての活躍だ。

リクルートワークス研究所の予測によると、40年に製造業関連で112万人の労働力が不足する。高西教授はロボットについて「品質の安定や生産性の向上などで注目されてきたが、人手不足の視点から見直されるようになった」と説明する。製造業だけでなく、物流、建設分野など様々な分野で自動・省人化技術の開発が進む。今後はAIの導入で、人間にしかできなかった複雑な作業をこなすロボットも増えそうだ。

会場を見渡しても、自動配送ロボットやレストランの配膳ロボット、農業用ドローンに手術支援ロボット……。すでに実用化されている製品を含め、深刻化する人手不足を乗り切るための展示が目白押しだ。

ロボット展の活況は将来への明るい材料だが、課題もある。

「可能性はある。ただ、減った人手を単純にロボットへ置き換える発想では難しい」

取材して回ると、出展者の多くがこう口をそろえた。ある業界関係者は、町工場の従業員から写真を見せられ、「この部分をロボットに変えたい」と相談を受けた。ところが、設置までのプロセスや導入コストを説明すると、諦めて立ち去ったという。この業界関係者は言う。

「進化しているとはいえ、現状は万能ではない。協働ロボットでも1台数百万円かかり、現場に合うようシステムを構築すると1千万円を超えることもある。短期的にみると、まだ人を雇った方が安いと考える中小企業は多い」

国際ロボット展を主催する日本ロボット工業会の冨士原寛（ふじわらひろし）専務理事はこう指摘する。

「人を基準に確立した作業を、人が担う部分、ロボットが担う部分と見直す必要がある」。

政府も対策に乗り出している。経済産業省はロボットを導入しやすい環境を「ロボットフレンドリー」と呼び、企業に業務プロセスや施設環境の変化を促し始めた。

高西淳夫・早稲田大学教授はこうした動きを「これまでロボット開発はメーカーが主導だったが、ユーザーの存在が重要になる」とみる。課題を抱える企業と開発側のコラボレーションはすでに幅広い業種で始まっている。高西教授が会長を務めるワークロイド（働くロボット）関連の団体でも、メーカーやユーザー、大学などが参加し、開発に取り組む。

人手不足によって、ロボットが社会の様々な場面に登場するのは間違いない。それでも、今後どのような技術革新が起きるのか、その技術が社会に受け入れられるかを見通すことは難しい。見学を終え、高西教授は語った。「一気に変えることは現実的ではない。まずは負荷がかかる部分をロボットに任せ、人の労働環境を改善する。そうした地道な積み重ねが大事になってくる」

海外人材に高まる期待

人手不足が深刻化する地方では、海外人材に活路を見いだそうとする動きも本格化している。ただ、都市部と賃金格差がある地方は簡単ではない。

高知県北部の大川村。２０２３年末、ベトナム人の技能実習生の受け入れに動き出した。日本人の離職で休止したブランド地鶏の処理施設の再開を目指す。村の人口は約３６０人。

明坂健喜副村長は「募集をかけても、全然集まらない。とにかく人が少ない」と言う。

外国人労働者の獲得は、県の人材戦略にも盛り込まれている。２０２１年度からの3年計画で、約９００人増の３１５０人を目標に設定。「今後ますます、欠かすことのできない貴重な存在」と位置づける。

日本国際交流センターの毛受敏浩・執行理事は「人口減少に歯止めがかからない地方で、外国人は必須」と語る。ただ、都市部とは賃金差もあり、見通しは厳しい。「これまでの雇用の調整弁的な扱いでは選ばれない。定住を前提に受け入れる『本気度』が問われる」

国際協力機構（ＪＩＣＡ）などは２０２２年、政府が目指す経済成長を達成するには、現状の受け入れ方式では40年に外国人労働者が42万人不足するとの推計をまとめた。ここでも、定住化の促進が鍵になるとしている。

浜松市や群馬県大泉町など、30年以上前から定住が進む自治体もある。その中で、「縁結びのまち」で知られる島根県出雲市は10年ほど前から数値目標を掲げ、外国人の定住化と向き合うことになった。

市内の電子部品メーカーの工場が雇用を拡大し、定住資格を持つ日系ブラジル人が多く移住。15年3月までの２年間に約６００人も増えた。

当時、人口約17万4500人の街に約2400人の外国人が住んでいた。市は数値目標として、24・6％だった「5年定住率」を30％台に引き上げることを目指した。

市内に住む日系ブラジル人は、2008年のリーマン・ショックのときに半減するなど、景気の波に左右されてきた。だからこそ、「単なる労働者ではなく、街づくりの担い手になってもらおうと思った」と当時の市長、長岡秀人さん（72）は振り返る。

力を入れたのが教育だ。日本語指導が必要な子どもが多い小中学校を拠点に、集中的に支援を受けられるようにした。来日直後の児童生徒が日本の学校になじめるよう、20日間のオリエンテーションをする「初期教室」も始めた。

日常のケアも手厚くした。市役所に通訳や国際交流員を増員。ごみ出しなどの生活ルールはポルトガル語を始めとする多言語で発信するなど丁寧に伝えていった。ボランティアによる日本語教室なども開かれ、交流が草の根で進んだ。企業側も「生産を継続していく上での重要なパートナー」と位置づける。

取り組みは、数字に表れた。外国人の「5年定住率」は、30％台後半で推移する。単身で来日後に家族を呼び寄せるケースが増え、町内会長になる人も現れた。市内に住む日系ブラジル人の岩本・パウロ・セザル・義道さん（40）は、「3年で稼いだら帰るつもりだっ考えている。

たが、海が近くて暮らしやすい出雲が気に入った」。子どもも生まれ、日本国籍の取得を考えている。

出雲市の人口約17万3100人(2023年3月時点)のうち、外国人は約4400人。市が40年の目標に掲げる人口16万6千人の維持は、外国人なしでは考えられなくなっている。職場で必要な日本語研修の支援をしたり、外国人住民向けの合同企業説明会を開いたりして、定住先に選んでもらえるよう就労先の拡大にも取り組む。

市内で活動する県外国人地域サポーターの堀西雅亮さん(53)は「中学以降の進路選択や医療・福祉への対応など課題はまだまだある」と指摘する。外国人が「支援される側」に固定されがちな状況を見直し、「多様なルーツを持つ人たちの力を生かす、包摂性のある地域づくりが必要」と話す。

5　適応できるか

現役世代の働き手がいまの8割になる「8がけ社会」では、地方公務員の人手不足も深刻になると予測される。道路の管理やごみ収集も、いまのまま維持できるかは不透明だ。縮小が避けられなくなった先には、何が待ち受けるのか。

そんな問いを考えるために向かったのは、将来を見越して廃止されることになった橋だ。

富山市の「瓶岩橋（かめいわばし）」は市中心部から車で40分の山間部にある。絶景で知られる立山連峰から発した国内屈指の急流・常願寺川（じょうがんじがわ）の流れが、西から北へと方向を転じる、そのカーブのあたりに橋はかけられている。竣工は1972年。90年代までは橋の近くに鉄道駅があり、駅の対岸に住む学生たちは歩いて渡って通学していた。近年も主に通勤や買い物のため、車で川の右岸・左岸を行き来してきたと、住民らは話す。

転機は2015年だった。点検によって、橋を支える部品に致命的な損傷が見つかり、通行止めになってしまった。この橋をどうするか。市で検討が始まった。

橋の管理は全国的な課題だ。国土交通省によると、40年には全国73万の道路橋のうち75%が老朽化する見込みだ。ただ保守・点検を担う土木技術者は不足している。自前の技術者が不在の自治体は、町で2割、村で5割を超えているという。点検や整備が行われずに急に落橋すると、市民の生活への影響は計り知れない。国交省は自治体に、計画的な集約や撤去を呼びかけている。

二つの橋を撤去

富山市は、橋の維持管理を先進的に行ってきた自治体だ。10年ほど前から、将来の人口減や財政悪化を見越し、持続可能な橋の管理を模索してきた。「橋梁トリアージ」と呼ばれる取り組みでは、市が管理する約2300の道路橋に優先度を設定し、修繕の要否を判断してきた。

この取り組みの中で市は、二つの橋の撤去を決めた。そのうちの一つが瓶岩橋だった。市は2020年、橋を撤去し、新たな橋はかけ直さない方針を地元に伝達した。理由として、近くにある別の橋や堰堤(えんてい)を使えば、川の右岸・左岸を行き来できることを挙げた。

だが住民は市の方針に反発した。防災の観点から必要だと訴えてきたのは、地元自治会長を務めてきた山森潔さん(75)。山森さんが思い出すのは、1969年の常願寺川の大水害だ。大規模な土砂崩れが起き、川沿いの道路は長期間、通ることができなくなった。22年にも、川の両岸の道路が土砂でふさがれ、通行が規制されてしまった。この地域の住民にとって、川沿いの道路は地域外へ出るために欠かせない道だ。仮に右岸・左岸のどちらか一方が土砂でふさがれても、もう一方が無事ならば、橋を渡って対岸の道路から地域外へと出ることができる。橋が一本なくなることは、緊急時に対岸に渡る手段がなくなることを意味する。豪雨が増えた昨今、橋は避難のための迂回路として欠かせないと、山森さんは訴えてきた。

市も地元の意向を無視できなかった。橋は通行止めにしたきりで、手を付けられずにいた。

それが22年、撤去の動きが前進した。これ以上放置すれば落橋の危険があると市が説明し、住民らが撤去に同意したからだ。山森さんも「落橋して下流の皆さんに迷惑をかけられない」として、撤去を受け入れたという。ただし地元として、橋のかけ直しを求め続ける方針は維持している。

地域を車で回って住民らに話を聞いていくと、市の方針に反発した理由は、防災だけではなかったことがうかがえた。橋の近くに住む男性は「将来の財政のためという理由はわからなくはないが、街ではハコモノを造っているのに、なぜ橋はかけられないのか」と首をひねる。

男性がやり玉にあげたのは、この20年で進んできたコンパクトシティ計画だ。高齢社会に対応するため、市が中心部の再開発や路面電車の整備を主導してきた。市によれば、この事業で地価が維持され、税収が安定したという。だが男性は「納得いかない」と語った。

迫られる取捨選択

瓶岩橋のケースはインフラを「たたむ」ことの困難さを浮き彫りにしているが、これから現状維持が難しくなると見込まれているのは橋や道路だけではない。市民の生活に欠かせない警察・消防署の維持や病院の救急対応なども困難になるかもしれない——。リクルートワークス研究所の「未来予測２０４０」では、そんな将来像が描かれている。

行政サービスの担い手が足りなくなることをより詳しくシミュレーションしたのが、日本総合研究所の蜂屋(はちや)勝弘(かつひろ)・上席主任研究員（公共経済）だ。２０４５年にかけて、地方公

「8がけ社会」になる2040年の行政サービスのイメージ

日本総研・蜂屋勝弘「地方公務員は足りているか」(2021)をもとに作製

地方公務員数

2018年
必要な地方公務員数がみたされているとすると

2040年
必要数の**82.0**%しかみたされない

人口が減っても必要な人手が減りにくいサービス

道路

医療

上下水道

対応策
1 デジタル化による効率アップ
2 行政サービスの広域化
3 専門人材の育成
4 サービスの取捨選択

務員がどれだけ不足するかを推計した。

蜂屋氏は「いまあるサービスをフルセットで維持していくことは困難になるだろう」と話す。

18年と同じ水準の行政サービスを提供し続けるとした場合、「8がけ社会」となる40年には全国の地方自治体で、必要とされる公務員数の82・0%しか確保できないという結果になった。特に町村の不足が深刻で、必要な公務員数の69・9%にとどまる見込みという。人口が減っても、医療や介護、インフラの維持・管理といった分野では、必要な業務や人手は減らしにくく、人手不足は拡大するという。

打つ手はあるのか。蜂屋氏は自治体間の連

携を挙げる。例えば消防では市町村が広域組合を作り、機能を集約する取り組みが進んでいる。

「今後は水道や教育でも、さらに広域化を進める必要が出てくるだろう」

他方でサービスを取捨選択していくことも重要だと蜂屋氏は言う。

「放置すればサービスの提供者にはさらなる負担がかかる。サービスの水準が下がり、事故が多発する恐れもある」

現役世代の減少に備えて行政サービスをスリムにする必要があることを示唆しているが、現実には容易ではない。高齢化に適応しようとすると、行政サービスは増えることはあっても減りにくいからだ。過疎が指摘されている地域だけでなく、首都圏の自治体も同じ問題を抱えている。

神奈川県平塚市、可燃ごみを「戸別収集」

現場では、どのような試行錯誤が行われているのか。高齢社会を見越してごみの収集方法を見直している神奈川県平塚市を訪ねた。

市は2021年から、可燃ごみを「戸別収集」する地域を段階的に広げてきた。従来のステーション収集では、住民は地域に点在する集積所までごみを出しに行く必要があった。だが新たに始まった戸別収集では、バケツやかごに入れて自宅前に置けば、収集車が一軒ずつ回って回収してくれる。

23年11月下旬の朝、戸別収集が行われる平塚市の住宅地を訪ねた。午前8時30分、通勤する人の姿がまばらになった道路の両側には、ポリバケツが整然と並んでいた。立ち並ぶ家々の玄関先に、一軒につき一つのバケツ。青い円筒形もあれば、グレーの四角い箱型もあった。そこへ収集車がやってきた。助手席からあわただしく降りてきた作業員はバケツのふたをあけて、中からごみ袋を取り出す。収集車に早歩きで戻って後部に放り込むと、すぐさま隣の家の玄関先へ。寝間着姿で回収を待っていた住民は、作業員と「おはようございます」「ありがとう」とあいさつを交わすと、バケツを持って屋内に戻っていった。

平塚市で新たに始まった戸別収集は、地域でどのように受け止められているのか。市内の他の地域に先駆けて戸別収集の対象地域となった夕陽ケ丘自治会の陶山（すやま）正明会長（77）に聞くと、「集積所で回収していたときは大変だったので、本当にホッとしています」と話した。

従来、ごみ捨て場とされてきた集積所を管理するのは、地域や自治会だった。可燃ごみの収集日にはカラスに荒らされ、歩道が汚れることもしばしばだった。集積所の近所の住民が自主的に清掃してきたが、近年は荒れたまま放置される集積所が目立っていたという。地域の人口が大きく減っているわけではなく、陶山さんは「共働きが増えて、地域に気を配る余裕がないのかもしれない」とみている。

　戸別収集が始まる以前は、自治会長の陶山さんの元には、散らかったごみをどうにかしてほしいという連絡が頻繁に舞い込んでいたそうだ。収集が休みになる年末年始も、ルールを守らずに出されたごみをめぐり、電話がかかってくることがあった。

平塚市のごみ集積所、掃除する自治会長

　戸別収集が導入されてからは、自治会として可燃ごみの集積所を管理する必要はなくなった。集積所まで歩くのに苦労していた高齢者も、ごみを出しやすくなった。分別への自覚が高まるという市の狙い通り、ごみの量も減ったという。

　ただし、収集作業の負担は増えた。一軒ずつ回収するため、より多くの時間がかかる。

作業員の歩く距離も伸びた。可燃ごみの収集業務は市が担ってきたが、職員だけでは回りきれず、一部を民間業者に委託することになった。

市は戸別収集の導入に先立つ社会実験で、収集頻度を週2回から1回に減らす案を住民に示したことがある。各家庭で出るごみが減ることを見込んだ提案だったが、住民からは「家に生ごみを1週間も置いておけない」といった反発が出て、断念した。

戸別収集の対象地域は市内の3割ほどに広がった。市は今後、全域への拡大を目指すが、いまのやり方を維持できるかは見通せない。安定した収集を支えてきた市職員が減る一方だからだ。現在、可燃ごみの収集にあたる市職員は約110人。直近10年は新卒採用がない。職場は40代以上が大半で、20年後にはほぼ全員が定年を迎える。委託先の収集業者も、同業者や運送業者と人手の奪い合いになっているという。

より困難な「減らす合意」

今まで通りにはいかない。でも手元の便利さは手放しがたい。安全安心も失えない。「8がけ社会」の到来に備え、当事者が納得した上で、公共サービスやインフラを小さくしていくことはできるのか。

縮小・減少していく「縮減社会」で求められる合意形成を考える研究会を開いてきた金井利之・東京大学教授（自治体行政学）は、「なぜここを減らすかだけでなく、なぜ他を減らさないのかへの説明も求められる」と話す。

経済成長する時代でも「どこに作るか」で住民の納得を得ることは難しかった。ただ、新しく作るときは「今までなくても暮らしていたでしょう」と説得できるが、減らすときには「今まであったものがなくなれば暮らせない」という声が出て、合意はより困難になるという。

金井利之・東京大学教授

橋を廃止したりごみ収集の頻度を減らしたり、住民が反対するのは当然だと金井教授は言う。「個別のサービス減が賛成されることはおそらくない。でも自治体は予算をつける・つけないの分配を総合的に判断するしかない。全体でみたときの分配が妥当かについて、合意できるかという問題になる」

サービスやインフラを取捨選択していくことに合意できるか。日本全体の財の分配も重要になるという。

「財源も人も減り、エッセンシャルな労働の賃金が上がらない中で、なぜ一部事業にばく大な税金を投入するのか。説明できなければ、目の前のサービス減を受容することは難しいでしょう」

読んで考える「8がけ社会」　取材班のおすすめ文献

日本で近い将来、社会を支える働き手が不足する問題については、政府やシンクタンクによる報告書や専門家による著書、朝日新聞を含むメディアの報道などでもたびたび指摘されてきた。ここでは、取材班が参考にした文献のうち、問題への理解を深めるのに役立ちそうなおすすめをいくつか紹介したい。

「8がけ社会」の連載は、取材に協力してもらったリクルートワークス研究所が2023年3月に発表した報告書**「未来予測2040　労働供給制約社会がやってくる」**(https://www.works-i.com/research/report/forecast2040.html)に着想を得た。分析の柱になっているのが「2040年に1100万人の労働力が不足する」という労働需給シミュレーションだ。全国平均で2割近い働き手が減り、医療や介護、建設など様々な分野で現行水準のサービスが受けられなくなる恐れがある。データから読み取れるのは、限られた労働力で生活の維持に手いっぱいとなり、経済が停滞し、さらに悪循環を招くという「ディストピア」のような未来だ。「正月の紙面に暗すぎないか?」「いやいや、不都合な事実にこそ向き合うべきだ」。取材班にとって最も悩ましかったのが、受け入れがたい予測をどう報じるかという点だった。

フィクションによって問題の核心に迫った作品もある。小説**『限界国家』**(楡周平、双葉社)は、政財界のフィクサーとされる人物から20~30年先の日本を予測するよう依頼を受けたコンサルティング会社の社員たちを主人公に、人口減少社会を深掘りする。高齢男性による意思決定と既得権益で硬直化した社会の手詰まり感に胃が痛くなる。元官僚の作者による**『人口戦略法案 人口減少を止める方策はあるのか』**(山崎史郎、日本経済新聞出版)も小説の物語を通して、人口減少の原因や背景を事実に基づき読み解く。戦後、政府が出生率を改善させるチャンスは3度あったが、いずれもうまくいかなかった。社会保障政策に通じた作者による分析は的確で説得力がある。

2040年はそう遠い未来ではない。今後十数年の間にテクノロジーはどこまで進歩し、人手不足の解決策として期待できるだろうか。**『2040年の未来予測』**(成毛眞、日経BP)や**『2040年の日本』**(野口悠紀雄、幻冬舎新書)は、AI(人工知能)やロボット、医療介護やエネルギー分野などで期待される技術革新と、それによって生じる社会の変化に焦点をあてる。テクノロジーと並んで問題解決に欠かせない海外人材については、**『人口亡国　移民で生まれ変わるニッポン』**（毛受敏浩、朝日新書）が詳しい。これからの日本に必要なのは外国人から選ばれるための政策だと訴える。

縮小する日本は世界からどのように見られているのか。海外からの視点には多くの気づきをもらった。連載でも取り上げた日本在住の写真家クレイグ・モド氏による米紙ニューヨーク・タイムズの記事**「Why Morioka? Japan Answers」**（２０２３年２月17日、https://www.nytimes.com/2023/02/17/insider/why-morioka-japan-answers.html）**「A Long Walk in a Fading Corner of Japan」**（２０２２年4月25日、https://www.nytimes.com/2022/04/25/travel/japan-kii-peninsula-pilgrimage-routes.html）は、一見すると寂れてしまった日本の地方都市の魅力を説く。元ＢＢＣ東京特派員によるコラム**「日本は未来だった、しかし今では過去にとらわれている　ＢＢＣ東京特派員が振り返る」**（ルーパート・ウィングフィールド＝ヘイズ、https://www.bbc.com/japanese/features-and-analysis-64357046）は、行き詰まる日本社会が抱える問題について多角的に論じた示唆に富む内容だ。**『２０５０年の世界』**（ヘイミシュ・マクレイ、日本経済新聞出版）は地政学的な観点から各国の将来を分析。日本については、世界に目を向けず、ますます内向きになり、高齢者のニーズを満たす社会になっていくという。「日本は日本でありつづける」と予言している。

朝日新聞が2019年の新年企画として取り上げた「**エイジングニッポン**」シリーズは、高齢化する日本社会の現在地を切り取ったリポートだ。「**ロスジェネはいま**」編、「**老後レス時代**」編、「**限界先進国**」編と多様な切り口で警鐘を鳴らした。民間研究機関「人口戦略会議」が2024年4月に発表した「**令和6年・地方自治体『持続可能性』分析レポート**」(https://www.hit-north.or.jp/cms/wp-content/uploads/2024/04/01_report-1.pdf) は、全国の市町村の半分が「消滅」する可能性があるとして衝撃を与えた分析を10年ぶりに更新した。2050年までに全国の4割にあたる744自治体で20~39歳の女性が半数以下に減り、いずれ消滅する可能性があるとしている。提言を主導した増田寛也氏のインタビューは、199ページをご参照いただきたい。

(小林　哲)

縮みゆく日本は、海外をルーツとする人の目にどう映るのか。絶望してばかりではいられない。迫られているのは発想の転換だ。

6　発想を変える

玄関先に飾られたひな人形は、うっすらと埃をかぶっていた。2階に上がると、扇風機、布団、年季の入った和だんす。住人を失ってから時が止まったかのように、手つかずのままだった。

東京・世田谷。都内屈指の人気住宅街にあるこの家に2021年1月、スウェーデン出身のアントン・ウォールマンさん（31）は心を奪われた。

築86年、木造2階建ての約90平方メートルで、約1千万円。複数の路線が乗り入れる駅から徒歩10分ほどの好立地にある。10年ほど前に高齢の住人が亡くなり、親族が相続したが、空き家となっていた。

モデル業で欧米やアジアを渡り歩いてきたが、海外の大都市で家を買うには費用がかかる。「空き家」を知ったのは日本に来てから。安い、広い、歴史を感じさせる古さも美しい——。この家を聞いてすぐ、内見を頼み込んだ。

「欲しいです」

親族には驚かれた。

「買いたい？　本当に言ってますか？」

狭い道にしか面しておらず、いまの家を壊すと次の家は建てられない、建築基準法上の再建築不可物件でもあった。ただ、アントンさんの実家も築120年の木造建築。間取りやデザインをDIYで変える両親を見て育った。「自分でやるの？」と驚かれながらも、床を取り払い、壁や階段を壊し、1年がかりとなる改装を始めた。

リノベーション物件に住むアントン・ウォールマンさん

空き家率は32％に上昇も

全国で増え続ける空き家。総務省の調査では、２０１８年には約８４９万戸あり、住宅の総数に占める割合は13・６％。20年前の１９９８年（約５７６万戸）の約１・５倍に増えた。持ち家率が高い団塊世代が後期高齢者となる２０２５年以降、急増するとされる。一方、修繕を担う大工や対応にあたる自治体職員は減っていく。

野村総合研究所の予測では、空き家の取り壊しが進まない場合、38年には住宅総数に占める割合は32・０％まで上昇する。３軒に１軒は空き家、つまり「両隣のうち片方は空き家」という社会を迎えるのだ。

アントンさんの近所の家も住人がいない。

一人暮らしをしていた高齢男性が数年前に亡くなった。都内に暮らす息子家族が週末に訪れ、家財の整理や草刈りをしながら、自治体に相談して活用策を探している。

改装が終わったアントンさんの家は、かつての趣（おもむき）を残しつつ生まれ変わった。がらがらと音が鳴る昭和の玄関引き戸やチャイムは、前の住人が住んでいたころから変わらない。和室の床の間や、ピンク色の風呂場のタイルも「86年の歴史は新しくは作れない」と残した。吹き抜けにした北欧風のダイニングキッチンには週末になると友人らの楽しげな声が響く。

「私たちには思いもつかない。海外の人の手にかかればこんな風に生まれ変わるなんて」。近所で空き家の活用策を探している男性はそう驚く。

改装を終えたことを知った人から、相談が舞い込むようにもなったアントンさんはこう指摘する。「日本では『新築』が好まれる。経済を回すために必要なことかもしれないけど、その考え方が選択肢を狭めている」「空き家は『問題』ではなくて、可能性。目の前のものを前向きに捉えようとするポジティビティ（積極性）がいまの日本に足りないのでは」

海外向けに空き家を紹介する事業「Akiya & Inaka」（東京都港区）には、問い合わせが毎月数百件寄せられる。ほとんどが、日本に来たことがなく知り合いもいないといった人からだという。

立地や物件の希望を尋ねると「海や山の近くで」「古いほうがいい」。敬遠されがちな物件に次々と買い手がつく。「海外から見て、空き家であるということにネガティブな感覚はまったくない」と代表の米テネシー州出身のアレン・パーカーさん（34）は話す。

空き家が長い間、そのままにされる背景には、様々な事情がある。思い出のある家を処分することへのためらいや、整理や手続きの面倒さ。管理の費用や手間がかさむといった問題もある。

アレンさんが指摘するのは、ある先入観だ。「多くの空き家が売りに出されていないまま、放置されているのが真の問題。いい印象がない、どうせ売れない、といった先入観を壊すことが空き家問題の解決の一歩ではないか」

世界に選ばれた盛岡、日常が貴重だった

海外の目が、みちのくの城下町に光をあてた。

2023年1月、米紙ニューヨーク・タイムズ（NYT）の特集記事「2023年に行くべき52カ所」でロンドンに次ぐ世界で2番目に紹介された盛岡市。市内はその後、国内外からの観光客でにぎわった。

3年前まで記者が勤務した初任地だ。山々や川の自然が街の景色に溶け込み、和洋折衷の伝統建築が並ぶ。穏やかな時間の流れも気に入っていたが、記事には驚いた。

その年の12月、現地を久しぶりに訪れた。

「うそだって」「盛岡でいいの？」。久しぶりに会った地元の人たちはそう口をそろえた。

あちこちに記事が飾られ、駅のポスターに「世界の人が憧れる街」というキャッチコピーが躍っていた。

観光ガイドを務める照井孝さん(75)と市内を歩くと、それでも商店街にはシャッターが閉まったままの店があり、日中なのに道ゆく人が少ない。照井さんは「何にもない、何でもない、東北の片田舎」という。

盛岡市、残雪の岩手山

2000年に30万人超だった市の人口は、40年に25万人を割り込む見通しだ。市は23年3月の「人口ビジョン」で「生活のあらゆる面に影響が及ぶことが懸念される」と危機感をあらわにしている。

照井さんが妻と二人で暮らす団地にも独居老人が増えた。近くの飲食店は営業時間が短くなり、妻の通院に欠かせないバスも減便している。「8がけ社会」は着実に迫っている。

取材で、記事がもたらした変化に気づいた。照井さんは15年間のガイド歴で初めて、偉人の胸像をきれいにする活動を仲間と始めた。「通りすぎるだけだったものを見直していまあるものを大切にしたくなった」という。「街全体がそうなったのかなと思います」

コロナ禍が明けた老舗わんこそば店「東家（あずまや）」には観光客が戻っていた。わんこそばは、食べ始めから食べ終わりまで給仕がもてなす。ここでも働き手は足りていない。5代目社長の馬場暁彦さん（53）は「いま向きではないビジネス」と笑う。でも、と続けた。「戻ってきたお客さんを見て再認識したのは、給仕の必要性。古来伝わるせいいっぱいのおもてなしはロボットにはできない。そんな未来は、いまは考えていませんよ」

NYTで盛岡を紹介したのは、米国人作家クレイグ・モドさん（43）だ。日本に暮らして23年目。各地を歩き「もう眠りに向かっている」集落や村を目にする一方で、「10年後にまた見るのが楽しみになる」街にも出会った。その一つが盛岡だった。

「日本にずっと住んでいて、ずっと育てられていると、社会に起こっていることも社会の良さも当たり前になる。それでは何を守ればいいのかも見えないでしょう」

日々の暮らしの中に残すべき価値を見つける。そんな気づきを縮みゆく日本中の街に与えたかった、という。「これからの社会を引っ張っていく人たちが自分の街の魅力を信じる。そんな影響が出たら感謝したい」

「日本が居場所」「外の視点取り入れて」

海外から来て日本で生きることを選んだ人たちに、いまの社会はどう映るのか。

福岡県宗像(むなかた)市のアン・クレシーニさん(49)は2023年11月、日本国籍を取った。年間7千人超いる帰化許可者の一人だ。米バージニア州で生まれ育ち、日本に暮らして通算約23年。北九州市立大学の准教授として教壇に立ち、コメンテーターとしても活躍する。

「日本は私の居場所であり、アイデンティティー。日本も問題がたくさんあると思いますが、完璧な国なんてない。日本を良くするため頑張りたい」

福岡県宗像市に住むアン・クレシーニさん

学生たちと議論する中で、必要だと感じるのは、悪い面も客観的に見て改善しようとする前向きさだ。「大人たちが『日本はもうダメだ』とネガティブに言い過ぎるのも、若い人たちが可能性を信じなくなる一因ではないでしょうか」

大分県別府市に暮らすスリランカ出身のテージャーニー・ウィーラシンハさん(35)も昨夏、

日本国籍を取得した。東京都内の高校に留学し、街の安全やきれいさに魅了された。その後、別府市の立命館アジア太平洋大学に進学。暮らして10年近くになる日本社会を「シャボン玉みたい」と表現する。

外に出ていくことも外から入ってくるものにも警戒する。変化を怖がっている——。「理由は多分、膨らみ続けてきた成功体験。これ以上いったら割れてしまうと恐れているのでは」

8がけ社会に向かう日本のシャボン玉は縮んでいく。ただそれは「いまを見直すチャンス」でもあるという。

例えば、日本社会にとっての「働く」。身を削って働き、「忙しい」と繰り返し、有給休暇や産休・育休の取得には頭を下げて申し出る。そんな姿に「日本の人にとって『仕事』は大きすぎる」と感じてきた。「でもそれって、何のため？　外から見て正しいものを取り入れ、いいところは残すことで、日本が前に進んでいく」

内向きになりがちな現状を変えていくにはどうすればいいのか。人口問題の専門家と東京で生まれ育ったインドネシア国籍の女性に話を聞いた。

現状変える勇気を

福井県立大学教授（人口学）佐々井司さん（57）

人口が減る中、日本人の海外永住者が増えていることにも注目すべきです。外務省の統計で過去最多の約57万5千人（2023年10月現在）に上り、女性が6割超を占めます。経済への不安や生活で感じる生きづらさがあり、日本から外に押し出す力が働いている可能性があります。

私が人口減少の研究を始めた1990年代には既に、低出生率と東京一極集中が指摘されていました。様々な政策が打たれましたが、日本社会の構造は変わりませんでした。現状をどう維持するか、過去の栄光をいかに守るかに重きが置かれてきたからです。器に人を合わせるように。

制度だけ変えても、その下で生きる人はゆがみを感じ、「希望」を求めて移動します。現状を変える勇気を持たなくてはいけない。政治も変えていかなくてはいけない。一番大事なことは、そのために何が必要かを一人ひとりが考え、発言し、行動を起こすことではないでしょうか。

腹割って　未来を話して

インドネシア国籍のムスリムクリエイター　アウファさん(29)

東京で生まれ育ち、早稲田大学入学以来、イスラム教の教えであるヒジャブをしています。でも大学でサークルの勧誘ビラを私だけ配ってもらえなかったり、バイトの面接や就活で「お客の目があるから、外して」と言われたり。だからここの数年、イスラム教への偏ったイメージを払拭（ふっしょく）したいと、日本になじむヒジャブのスタイルをSNSで発信してきました。

アウファさん

でも正直、手応えがありません。訴えても、BGMのようにスルーされる感じが続いています。共感力や想像力がいまいちな日本。意見交換の場が少ない。話そうとすると「まじめ」「意識が高い」と言われてしまいます。

誰だって、考え方を変えろと人から言われたくないはずです。私はヒジャブを自分の意思で始めました。SNSだけだと表面的になる。次につなげるためにも10年くらい費やしてでも、これはという人たちとつながり、腹を割って日本の未来像を話せればと思います。

7　主役世代

「8がけ社会」が訪れる2040年、主役はいまの20～30代の若者世代だ。働き手が減る未来に当事者として向き合おうとする視線の先にあるのは何か。すでに深刻な人手不足が顕在化している福祉の現場に飛び込んだり、ビジネスの視点で社会問題を解決しようとしたりと、志を持って動き出している若者たちを追った。

2023年12月、川崎市宮前(みやまえ)区の有料老人ホーム「グッドタイムホーム・鷺沼(さぎぬま)」に歌声が響いた。ピアノ講師の森明乃さん(71)が、昭和歌謡でお年寄り数十人を楽しませていた。事務室では、病院職員の鈴木彩夏さん(30)がパソコンに向かい、クリスマスの催しを紹介する画像を作成し、文章をつけてブログで発信していた。

2人ともこの施設の職員ではない。介護現場と外部人材をつなぐマッチングサービスを通じて施設に通う「有償ボランティアの助っ人＝スケッター」だ。2人が特技を生かして活動する間、職員に余裕が生まれる。「入居者の顔と名前が一致することが必須なケアに専念できる。外の目が入ることで接遇も良くなる」と吉田まり絵施設長は喜ぶ。

多種多様な介護の仕事から、無資格・未経験者でもできる仕事を切り出す。それを「お手伝いカタログ」に整理し、ボランティア希望者に橋渡しする。事業者は時給換算で1千~1500円ほどの謝礼をボランティアに払う。この仕組みを立ち上げた、プラスロボCEO（最高経営責任者）の鈴木亮平さん（31）が掲げるキャッチフレーズは「日本一おもい問題に、日本一かるい答えを」だ。

「スケッター」で働く鈴木彩夏さん

社会を支える「お手伝い経済圏」を

人材不足は、介護業界内だけで解決するには重すぎる。発想を変え、業界外にいる介護の関心層にアプローチし、軽い気持ちで参加できるインフラを作ればいい。「介護の関係人口を増やし、1億総福祉人の時代をつくる」。そんな未来が目標だ。難題だからこそ取る。それをもうちょっと便利にする取り組む意義があるという。「世の中はすでにかなり便利。それをもうちょっと便利にする仕事はモチベーションが湧かない」

2019年のサービス開始直後こそコロナ禍で苦境を味わったが、いまは回復軌道に乗り、マッチングは月300件のペースで、累計では延べ5千件を突破した。登録者数は月120人ずつ増え、受け入れ事業所も計500を超えた。スケッター登録者の約半数が10～30代だ。その一人、東洋大学3年の高橋由奈さん(22)は「高齢化という課題は自分たちも避けて通れず気になっていたが、接点がない。スケッターとしてお手伝いすることで課題を学ぶことができる」と話す。

鈴木さんを勇気づけるのは、スケッターのHPにおいて、手伝いの内容や学びについて自由に投稿する「体験レポート」が、すでに650本積み上がったことだ。「職員の方が丁寧に仕事内容を教えてくれた」「3時間があっという間だった」。どれも福祉の現場において自分にもできることがあった、という充実感がにじむ。

ボランティアが周辺業務を担うだけでは力不足との見方もある。だが、元厚生労働省のキャリア官僚で、行政と民間を結ぶコンサルティングを仕事にする千正(せんしょう)康裕さん(48)は「スケッターは、間違いなく伸びる」と強い期待を寄せる。なぜか。千正さんは、スケッターが正社員かパートという従来型の雇用では生かせない「眠っている人の力」を掘り起こす器になると指摘する。行政とタイアップすれば、活動的なシニア層の生きがいづくりや、引きこもりの若者の就労へのステップなど多様な課題への応用も可能になる。そんな潜在力が見えるからだ。

2023年末、都内であった消防団の活動に制服姿の鈴木さんがいた。同1月に近所の知り合いに誘われ、訓練などに参加するようになった。地域の先輩たちと、定期的に消防訓練などをして汗を流す。一見仕事とは関係のない活動にも見えるが、コロナ禍のつらい時期、先輩に気持ちを聞いてもらい、精神的に安定する自分に気づき、「孤立や孤独は体に悪い」ことを実感した。

介護を必要とする高齢者が増え、それを支える現役世代は減り続ける8がけ社会の未来は暗いのか。そう問うと鈴木さんは大きく首を振った。「自分のできることが明確にわかればお手伝いしたいと思う人がいる。そんな潜在層をつなげ、社会を支える『お手伝い経済圏』をつくりたい」

東大から救護施設へ就職

東京大学2年だった御代田(みよだ)太一さん(29)は偶然出席した授業で、難病の筋萎縮性側索硬化症(ALS)患者や障害者が自身の生き方や支援者との関わりについて話す場面に遭遇した。衝撃と同時に不思議な感覚を覚えた。「自分の知らない世界への興味と居心地の悪さを感じて」

東京都内の中高一貫校から東大へ進学。周囲は官庁や大企業に進むと期待し、自分もどこかでそうなると思っていた。だが、周囲の助けが必要不可欠な当事者との出会いは根源的な問いを突きつけた。「なぜ人は生きるのか。この人たちを見ないふりをして、社会へ出ることはできない」

2018年4月、新卒で滋賀県の救護施設「ひのたに園」に就職した。母に就職先を伝えると、「せめて厚生労働省に……」と絶句したという。だが、心に生じた焦燥感は、既存のレールに乗る先の未来より大事に思えた。

住まいや家族、仕事がなく、障害など何らかの課題を抱える人が身を寄せる救護施設は「最後のセーフティーネット」とされる。生活保護制度を知らず6年間ホームレスを続けた男性、職場のストレスから自殺を試みた夫婦、身寄りがなく50年以上施設で暮らす高齢女性。働きながら入所者の人生に向き合い、一人の人間として接することが、支援の本質だと知った。

一方で、仕事は食事や排泄（はいせつ）の介助などルーティン化した業務が大半で、まるで自分がロボットになった感覚に陥った。人のために働きたいと志を持つ同世代は、業界への失望から何人も辞めた。施設を運営する法人は慢性的な人手不足に悩み、8がけ社会の到来を待つまでもなく危機に直面していた。

原因の一つに福祉特有の難しさがあると感じた。支援が必要な人の生活を守る福祉の現場は、プライバシーを守るためどうしても閉じがちになる。「外の視線が入りづらく、中で働く側は社会から敬意を感じにくい」。では、働く若者も入所者も前向きになるためにできることは何か。福祉の中からできることに限界を感じ、いったん外に出て、ビジネスを学び直す選択肢を選んだ。

5年半の施設勤務を経た2023年10月、業界大手の外資系コンサルティング会社に転職した。いまは、企業のサステイナビリティー経営を支援する仕事を担う。日々の業務に追われる福祉の現場では、一般企業では当たり前の視点が不足していると感じた。「まずはビジネスの仕組みを勉強し、自分に何ができるか考えたい」

福祉から離れるつもりはない。施設で働いたことで、世界を閉じれば安全だが、内向きの仕事は息が詰まるということに気づいた。閉じた世界に飛び込み、外へと開いていければ、福祉に限らず社会を支え合う力は増すのではないか。様々な境遇の人が、尊重し合って生きること。それを支える福祉の課題に向き合い続けていく。

動き出した若者たち

8がけ社会が直面する課題は山積みだが、解決に動こうとする主役世代は増えている。起業によって社会課題を解決する「ボーダレス・ジャパン」(東京)が主催する社会起業家育成のためのボーダレスアカデミーは、開校5年で卒業生が300人を超えた。その9割が将来を担う20~40代だ。2023年12月、アカデミー13期生が3カ月のコースを終え、ビジネスモデルを披露する卒業発表会がオンラインで開かれた。

助産師資格を持つ40代の女性は、オフィス環境を共有するコワーキングスペースに子育て支援施設を設置する事業を発案。「社会全体で子育てする意識を育(はぐく)みたい」と訴えた。

教員の30代男性は、不登校の小学生向けオンラインフリースクールの立ち上げを目指すと宣言した。いずれも社会の課題をビジネスでどう解決するか、参加者同士で議論を重ねてきた。発表に耳を傾けたアカデミー代表の半澤節（はんざわたかし）さん（33）は「課題を自分事と捉え、何とかしたいと動き出す若者が増えている」と語る。

日本では、2000年代から社会起業家を目指す動きはあったが、認知度は低かった。半澤さんも10年ほど前、就活の中で、社会起業家を目指して関連する企業を探したが、周囲からは「意識高い系」「理想論」との言葉を投げかけられた。だが、2018年に開校したアカデミーの卒業生は年々増え、実際に100人以上が社会起業家になった。大学生や会社勤めの30代、子育てが一段落した主婦など年齢や立場は違うが、自分の生活の延長線上にある課題の解決を目指す姿勢は共通している。

現代にはモノがあふれ、生活の便利さは飽和状態にある。一方で、SNSから流れ込む情報は「顔」が見えず、手触り感がない。そんな状況だからこそ、半澤さんは「目の前の人の力になりたい。直接誰かから感謝されたい。そんな人間の根本的な欲求が若者を突き動かしている」と分析する。

ボーダレス・ジャパンでは、アカデミーを卒業した社会起業家らが毎年、合わせて約80億円に上る売り上げの1％を積み立てる。そこから、新たに起業する卒業生らに出資し、資金のみならず成功のノウハウや情報を共有する。若者の挑戦を後押しする仕組みを機能させ、社会全体の課題解決力を強めようとしている。いまの若者世代が主役となる２０４０年。人手不足はさらに深刻化するが、そこに立ち向かおうとする力をどう育んでいけるかが鍵となる。

高齢化に人手不足が重なれば、一人ひとりにのしかかる負担は大きくなる。生産性、有用性がより重視される「8がけ社会」になればなるほど、その物差しはそのまま高齢者や障害者へのヘイトや切り捨てにもつながりかねない。前向きな未来を描くため、危機を突破する鍵はあるのか。

8　突破への胎動

高齢化社会の対応策として、国は75歳以上の高齢者が自ら死を選べる制度を施行した。「未来を守りたいから」。CMではそんなキャッチフレーズが流れる——。2022年6月公開の映画『PLAN75』は、そんな日本の「未来」を描き世間をざわつかせた。公開から一定期間が経っても、SNSや映画批評サイトでは、劇中の制度に対する賛否が渦巻く。「こういう制度があればいいなって思う」「やんわりとした集団自殺的な空気が漂っていて絶望した」。ある映画館では、見終えた高齢男性が「馬鹿にするな」と吐き捨てた。

切迫感を伴って受け止められた理由を、立命館大学の大谷いづみ教授（生命倫理学）は「高齢者に限らず、すべての世代が『これは絵空事ではない』と感じるからでしょう」と語る。下肢に障害を持ち、社会の差別や偏見と向き合ってきた大谷さんは、高校教師をしていた約30年前、生徒の一人が授業で「老人や重度障害者が自ら尊厳死を選ぶように導く社会が進化した社会だ」との意見を提出したことに衝撃を受けた。

若い世代に、こう思わせてしまう社会になったのはなぜか。安楽死や尊厳死の歴史研究を始めた。２０１８年に短編映画として先行公開された『ＰＬＡＮ75』を見て、大谷さんは当時の生徒を思い出した。「多くの人が見て考えるべき映画だ」。危機感を共有する早川千絵監督と交流を深め、２０２２年末には早川監督を大学に招いて、映画上映と合わせた対話集会を開いた。リアルとオンラインで、学生だけでなく幅広い世代の地域住民ら２００人が参加した。

社会に広まる「自己責任論」への憤りから映画の制作を始めたと語った早川監督に対し、参加者は「悪気なく加担していく怖さがある」「普遍的な話であると同時に極めて日本的な部分もある」などと、現実や近い未来と重ね合わせて感想を語り合った。

大谷さんは学生たちが「使い捨てられる」ことに敏感になっていると感じる。人口減少や経済の停滞に今後の負担増は避けられないと察し、暗い将来を過度に背負い込んでいるように見える。人は年齢や病気、障害の有無にかかわらず、生きているだけで尊い。若者たちはそんな当たり前のことに気づく余裕を失っているようにも感じる。

『PLAN75』は、社会にとっての有用性や生産性だけで要不要を判断する日本の空気感を表現した。働き手が足りなくなる8がけ社会は、いま以上に生産性や効率が求められるかもしれない。そうした物差しだけで人や命の要否を判断する、暗澹たる未来はどうすれば避けられるのか。大谷さんは語る。「解決への簡単な処方箋はないし、そんなものはうそっぽい。考え続けること、『おかしい』と声を上げることを諦めてはならない」

「ばあちゃん」と危機を乗り越える

高齢者を社会の「負担」と捉えれば、現役世代が減る8がけ社会が重苦しくなるのは避けられない。そうした未来は必然なのか。高齢者に対する社会の目線を変えるヒントとなる会社が福岡県にある。

福岡市から車で1時間ほど。筑後川上流にあるうきは市の山あいを進むと、元々保育園だった建物からにぎやかな声が聞こえてきた。「最近、寒くなってきたねえ」「今日は昼過

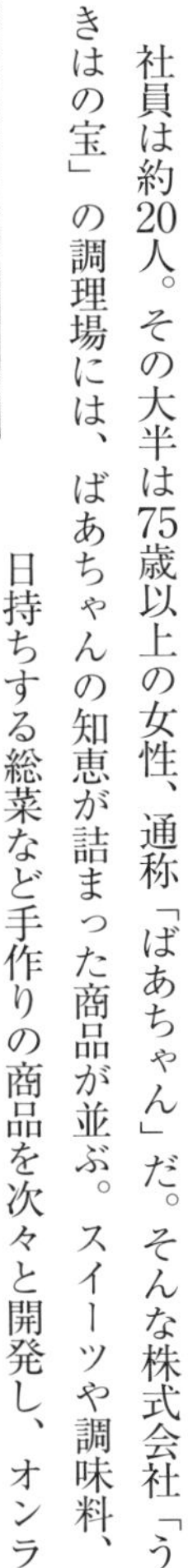

ぎに帰って畑仕事だ」。出勤した社員たちが雑談を交わしつつ、今日の仕事内容を相談していた。

社員は約20人。その大半は75歳以上の女性、通称「ばあちゃん」だ。そんな株式会社「うきはの宝」の調理場には、ばあちゃんの知恵が詰まった商品が並ぶ。スイーツや調味料、日持ちする総菜など手作りの商品を次々と開発し、オンライン販売の売れ行きは好調だ。特に30～40代の女性に支持されている。

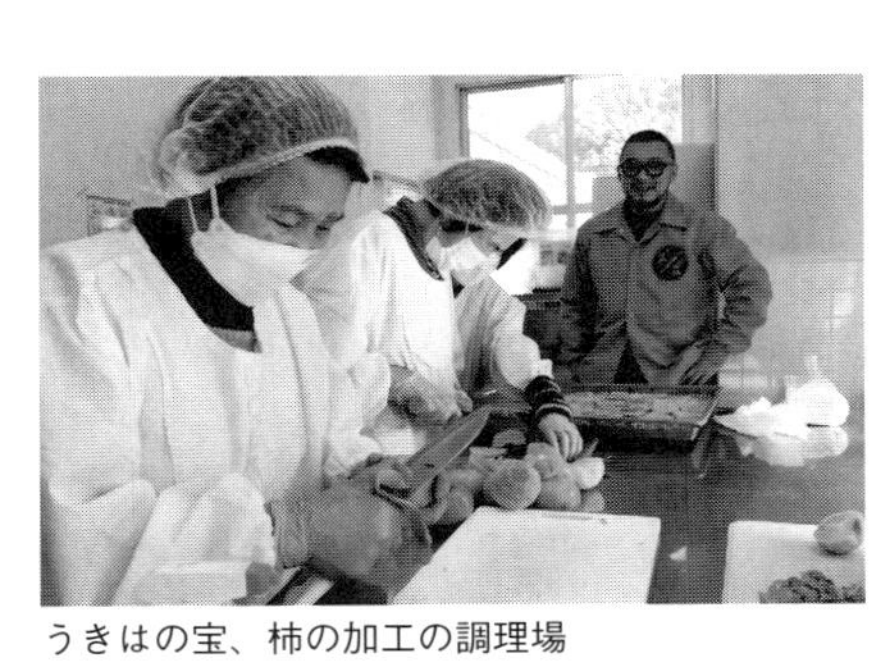

うきはの宝、柿の加工の調理場

近所で採れた柿の皮を、まっすぐ伸びた姿勢で手際よくむいていく。まるで80代とは思えない社員の一人、内藤ミヤ子さん（87）が「家にいても旦那と二人で刺激がない」と打ち明けると周囲は大笑い。「働くようになって健康になった。病院にも行っていないしサプリも飲んどらん」と胸を張った。

雇用に加え、高齢者の生きがいも作ってビジネスにできれば、地域全体は元気になる。同社を創業した大熊充さん

(43)は「世代間対立や老害という言葉がとても嫌いで」、会社を作った動機はそんな「固定観念」への反発だったという。うきは市出身だが、30代まではデザイナーとして働きづめだった。生活を犠牲にして働く中で「この仕事は社会や地元のためになっているのか」との疑問が何度も頭をもたげた。

20代のころ、バイク事故で長期間入院した。一緒に入院していたばあちゃんたちは、うるさいほどおせっかい。でもそれが、落ち込む自分を元気づけてくれた。まるでお荷物のように言われる高齢者のエネルギーを知り、「あの力をビジネスにつなげたい」と決意した。まずは、近所のばあちゃんにヒアリングすると、週に数回働ければ年金に加えて月2万~3万円の収入が得られ、それだけで生活はグッと楽になると知った。

長年の知恵や技術、何よりその意欲を付加価値にして、魅力的な商品につなげる。「ボランティアややりがい搾取とは違う。死ぬまで働けと言うわけでもない。仕事を通じて、みんなが幸せになれるシステムを作りたい」

市内で軌道に乗り始めたビジネスを全国展開するのが次の目標だ。第一歩として、2023年11月に月刊紙「ばあちゃん新聞」の発行を始めた。高齢者の活躍や生き方を紹介すると、幅広い世代から「元気づけられる」と購買注文が相次いだ。高齢者の力を引き出し、つなげることができれば、誰しも前向きな気持ちになれる。そんな取り組みが各地に広がれば、高齢者への社会の目線も少しずつ変わるかもしれない。

高齢者は、現役世代が背負わなければならない重荷なのか。ばあちゃんが作ったスイーツをかじった大熊さんは首を振った。「そんな発想はまったく違う。支えられる側ではなく一緒にこの危機を乗り越える仲間なんです」

エッセンシャルワークを楽しくする仕組みを

あらゆる仕事の現場を人手不足が襲う8がけ社会では、暮らしの足元を支えるサービスさえままならなくなる可能性がある。管理や補修を担う人がいなければ、道路や水道、電気やガス、鉄道といったインフラは立ちゆかなくなる。そんな未来を突破する鍵は「楽しむこと」にあるのかもしれない。

2023年12月、週末の浜松市にスマホ片手に電柱を撮り歩く人の姿があった。名古屋市から来た40代のtetsukoさんは千葉県の女性と合流し、暗くなる前に100枚あまりを撮り続けた。雨がぱらつくあいにくの天気にも「楽しくて時間を忘れた」と笑顔を見せた。

2人を駆り立てていたのは、アプリゲーム「TEKKON」だ。「ポケモンGO」のようにスマホの位置情報を使って電柱を撮影。写真を投稿するとポイントがもらえ、お金としても使える。集まった写真は、電柱などを管理するインフラ企業が買い取り、修繕の順位づけなどに活用する。参加者はゲームの中で達成感を得られ、企業側はインフラ補修の第一歩となる巡視・点検を担ってもらえることになる。

ゲームで遊びながら、インフラを守る。そんな仕組みを考えた運営法人ホール・アース・ファウンデーション（シンガポール）CEOの加藤崇さん（45）は「誰かの仕事にみんなが参加し、より多くの目に触れることで、その仕事を民主化、分割化できる」と考える。起業家としてヒト型ロボットや水道管の劣化を予測するソフトウェアを開発してきた。

介護やごみ収集、インフラの維持。暮らしを支えるエッセンシャルワークの多くは単調になりがちで、負担も少なくない。そうした仕事の一部にみんなが参加でき、それが苦にならないような仕組みをテクノロジーによって社会に実装する必要がある、と加藤さんは言う。

鍵は「楽しいこと」。ゲームを入り口に幅広い人を巻き込み、ビジネスとしても成立させる。TEKKONのようなプラットフォームを作ることが、今後深刻化する人手不足の突破口となると、リクルートワークス研究所の古屋星斗・主任研究員（37）はみる。「点検などの業務を行う電気工事士、水道技術者、鉄道の保線作業員、自動車整備士などはまったく人手が足りていない。TEKKONにはそうした仕事を変える可能性がある」。目視点検の仕事を切り出すことで、人手を賄い合う発想だ。

2040年に向けて現役世代が急減し、85歳以上の高齢者は急増していく。担い手を欠く生活維持サービスが止まれば、暮らしは途端に行き詰まる。仕事を続けることさえ難しくなる。苦境への解決策について、古屋さんは「機械に置き換えられる仕事は徹底して置き換え、生活維持サービスの専門職はその人にしかできない仕事に徹する」と語る。

加藤さんは言う。「TEKKONに投稿した写真がきっかけで斜めになっていた電柱が直ったと聞けば、『楽しいから』『お金を稼げるから』と始めた人の中に、『参加すれば社会は動く』と実感できる、ある種の自己効力感が芽生える」。そんな手応えはいつか、政治や社会を変える力につながると期待する。

世代間対立を解きほぐすヒントは

筆者（29）は小学生のころ、授業で現役世代が高齢者を支えるイラストを見せられ、こう説明された。

「いまの社会では2～3人の現役世代で騎馬戦のように1人の高齢者を支えています。でも、みなさんが大人になるころには、たった1人で肩車のように1人の高齢者を支えることになるでしょう……」

おそらくあのときから、私たちの世代は高齢者を「負担」と捉えるようになってしまった。医療費や年金の話題について、SNS上で「高齢者の負担を増やせ」という過激な発信が増えていることも、映画『PLAN75』に賛同の声が渦巻くことも、そんな意識が根底にあるのかもしれない。私自身、負担が増していく将来に不安がないと言えばうそになる。

「8がけ社会」が到来すれば、現役世代はますます余裕がなくなり、世代間対立がより先鋭化しかねない。「なぜ自分たちだけが苦労しなければならないのか」「昔はいい時代だった」……。しかし、嘆き続けていても社会はどんどん後ろ向きになる。

そんな社会を回避するにはどうすればよいのだろうか。ヒントを探すための取材を続け、見えてきたことがあった。東京大学を卒業後、福祉施設で働いた御代田太一さんは、私の中学・高校の同級生でもある。人手不足が深刻な福祉の現場で、彼はあえて、仕事の合間に入所者の人生についてじっくりと話を聞いた。そして気づいたという。どんな人の生き様も魅力的で、尊いのだと。支える側の職員と支えられる側の入所者という立場を越えて、人と人とが向き合うことが福祉の本質である。だからこそ、そんな仕事が社会には必要不可欠なのだと、彼は私に話してくれた。

介護施設と有償ボランティアのマッチングサービス「スケッター」を取材した際には、印象的な出来事があった。マッチングを経て、施設でクリスマスに向けた飾り付けの業務を手伝っていた60代の女性は、涙ながらにスケッターに参加する理由を話してくれた。かつて母の介護を一人で担い、仕事も辞めてボロボロになりながら看取った。そのとき、周囲からは「えらいね」とは言われたが、感謝はされなかった。でもスケッターを始めて、施設の入所者や職員から「ありがとう」と言われた。「まだ自分にもできることがある、生きてていいんだって思えたんです」

ぼんやりと顔の見えない「高齢者」「若者」をイメージするのではなく、目の前の人のために自分ができること、やりたいことをする。対立を解きほぐすヒントがそこにあると気づかされた。

本気で世代間対立をなくそうと動き出している人にも出会った。高齢化が進む福岡県の山間地域で、あえて高齢女性を社員として登用する会社「うきはの宝」を立ち上げた大熊充さんは、社会の高齢者への目線を変えたいと言う。「なぜ、ばあちゃんたちを『荷物』だと思うんですか、僕たちにはないすごい力を持っているのに」

職場に行くと、70~80代の「ばあちゃん社員」が、ものすごいスピードで果物の皮を包丁を使ってむいていた。そんな作業をしながらスイーツやおかずの作り方、保存の仕方などの知識を次々と教えてくれた。長く生きてきたからこその技術と知恵であり、小学生のころ、イラストで現役世代から背負われていた「高齢者」とはまったく異なる姿が、そこにはあった。実際に働くことでばあちゃんたちの健康状態が良くなっている傾向もあるという。

２０４０年にかけて、高齢者は増えて現役世代が減る「未来」は必ずやって来る。これまでのようにはできないことが増え、１人ひとりの負担も重くなるだろう。悲観的になるのは簡単だが、それでは何も変わらない。世代や立場をめぐって対立するのではなく、それぞれが尊重し合い、助け合えるところを探っていく。「いまの社会、悪くないね」と思える16年後の未来に向けて、できることはまだある。

（中山直樹）

対談　社会の仕組みや価値観を変えていくには
古屋星斗さん（リクルートワークス研究所主任研究員）×加藤崇さん（「TEKKON」開発者、起業家）

今後の日本が直面するのは、深刻な人手不足があらゆる仕事やサービスの継続を難しくする「労働供給制約社会」だと指摘するリクルートワークス研究所主任研究員の古屋星斗さんと、遊びながら老朽インフラを点検できるアプリゲーム「TEKKON」を開発した起業家加藤崇さんがオンラインで対談し、8がけ社会に適応していくヒントを探りました。

――古屋さんは今後十数年で、生活を維持するためのサービスをより必要とする高齢者が増え、逆にサービスの担い手である現役世代が減り、著しい需給ギャップをもたらすと警鐘を鳴らしています。一方で「TEKKONこそが、その突破口となり得る」と指摘していますが、それはなぜですか。

古屋　TEKKON最大のイノベーションは「誰かにとってつらい労働が、ほかの誰にとってもつらいものとは限らない」を発見したことです。

――そんなTEKKONはどんな経緯で生まれたのですか。

加藤　TEKKONの前に起業した、ＡＩ（人工知能）を使って水道管などの劣化を予測するソフトウェア会社が、ある電鉄会社とプロジェクトを行ったときのことです。電車が止まると、すさまじい経済損失が出る。一度トンネルの中の電線がショートして電車が止まったことがあった。「何とかなりませんか」と相談され、電線の異常を検知するソフトウェアの開発を検討することになりました。

人手を使って全部の電線を点検する作業をするにしても、（ソフトウェアによって）危険箇所の濃淡をつけられれば、同じ人員と作業日数で見つけられる可能性は高まる。しらみつぶしの作業をやらせようとしたら、いまの若い人は来てくれない。そこで、iPadを片手に点検できるようにして、若い人が「かっこいい」と感じてもらえたら、変わるのではないかと議論したのです。

そのとき、「きつい、汚い、危険」の３Ｋ的で単調な繰り返し仕事も、ブラッシュアップすることで開かれる地平はあるのではないか、と思ったのです。

――そこから、どうTEKKONにつながったのですか。

加藤　実は、人づてに紹介されたゲームディベロッパーに出会うまで、ゲームにしようという発想は僕の頭になかったのですが、「世の中には、マンホールのふたを撮ったり漏水を見つけたりすることを喜んでやる人たちもいるんです」と言われ、サービスを開始したら非常にうまくいきました。

一部の人がマニアックにやるゲームというコンセプトで開発したのですが、意外と普通の人に楽しみながらやってもらっています。これは全然想定していなかったことです。

古屋　さきほど、経済損失の話をされました。それは企業の話だけではありません。電車を使っている人には、保育士や医療従事者もいる。電車が止まれば、そうした人たちは仕事ができなくなる。生活を支えるサービスを担う人が仕事をしてくれなければ、例えば、我々はごみ一つ捨てることすらできなくなる。生活がまともにできなくなると仕事は後回しになり、社会は機能しなくなります。これは一番私が懸念することです。

我々のシミュレーションで、介護サービス分野では２０４０年に約25％の労働供給不足が見込まれるとの結果が出ています。それがどんな結果を及ぼすか。週４日訪問介護が必要な人に対し、平均して週1回「今日はスタッフが確保できないので、サービスに行けません」という状況です。そうなると代わりに家族が介護を担わなければならなくなり、家族も仕事どころじゃなくなる。

こうした状況に、どんなイノベーションが求められるのか。今後どんどん試行錯誤していく時代になると思いますが、その一番の切っ先にあるのが加藤さんの取り組みだと感じています。

加藤　これまでロボットやAIの開発に取り組んできましたが、共通しているのは、誰かの仕事にみんなが参加することで、その仕事を民主化、分割化してきたということです。その延長線上で、介護サービスに関してもジョブシェアリングができるのかもしれません。一方で「介護保険制度はこうなっているから」と凝り固まっていると、結局は「やりがい搾取」みたいなことが蔓延(まんえん)します。

僕は汚物の処理もする割に、介護の仕事の給料は安いと思います。こういう現実からも目をそらさず、仕事に見合った待遇を確保するための「所得の分配」についても、もっと議論すべきだと思います。

こうした議論とは別に、そうした職業に就いたり分割された仕事の一端を担ったりすることが苦にならないような工夫を、テクノロジーで社会に実装していく必要がある。不承不承、その仕事に入ってきたとしても「給料もいいし、汚物の処理だって大して汚くないじゃないか」と思えるようになれば、労働の需給もバランスが取れていくと思うんです。

――ほかの労働分野はどうでしょう?

古屋　例えば点検などの業務を行う電気工事士、水道技術者、鉄道の保線作業員、自動車整備士なども、まったく人手が足りていません。先日、中部地方の県に行ったときもその話で持ちきりです。「自動車整備士がいなくて車検制度が維持できなくなるのではないか」という話を現場の人が誇張でなく普通に話していました。

TEKKONには、そうした仕事を変える可能性がある。電気工事士などは国家資格なので、保守点検は資格を持った人しかできない。でも、目視点検で修繕の優先順位の高い箇所をリストアップするのに国家資格はいらない。そうした仕事を切り出してTEKKONが代替する選択肢は十分あり得る。実際、電柱の保守点検では、東北電力グループなどと取り組みをしていますよね。

加藤　医療分野では、すでにＡＩが得意とする画像の機械学習による診断技術が開発されています。いま僕らが電力会社とやっているのは、まさに電柱のお医者さんです。人が実際に見るより、撮影した画像から何かを判別するのはコンピューターの方がうまい。

国内の電力会社だけでなく、米国やタイ、ベトナムの電力会社の電柱の画像をデータベース化すれば、一つの会社で見られなかった症例も参照できます。診断技術はあっという間にコンピューターに置き換わり、残る仕事は意外と基礎的な仕事となる。例えばボルトを手で回したり、タイヤを交換したり。

古屋　機械に置き換えられる仕事は、徹底して置き換えないと日本社会は維持できない。生活維持サービスのうち、介護や看護など「ヒューマンタッチ（人間味や意思の疎通）」が求められる専門職は、いくらロボティクスが進んでも代替できない。電気工事士など資格が必要な仕事に携わる人は「自分だけができる仕事」に集中し、彼らの仕事が成り立つためにテクノロジーをどう使うかを考えなければいけない。

加藤　テクノロジーの果たす役割が大きくなり、専門職は「ボルトを回しているだけじゃないか」との話になったら本末転倒です。仕事のトランスフォーメーション（変革）で重要なのは、介護職も電気工事士も自動車整備士も、それぞれの仕事に対するリスペクトと、表裏一体の関係にあるペイメントをしっかり保証することです。

テクノロジーによって仕事のフォーメーション（編成）が変われば、残った仕事は意外と基礎的なものになる。それにやりがいを持ってもらえるかが、次の論点になると思います。

古屋　比較的誰でもできる仕事だけど、誰かがやってくれないと、生活が成り立たなくなる。そんな仕事をどう担っていくかですよね。

加藤　かつて仕事は、家庭やコミュニティの身近にあった。産業革命以来、仕事と、家庭やコミュニティの分断が起きてしまった。昔の共生社会なら、人がやっている仕事が見え、ごみを片づけて持って行ってくれる人がいないと、たちまち大変なことになるのが、より直接的にわかった。この分断されてしまった認識や理解をどうつなぎ直すか。

にわかに信じられないでしょうが、TEKKONが広がれば、選挙に行く人が増えると考えています。「楽しいから」「お金がもうかるから」で始めても、やっているうちに、自分が投稿した斜めになっていた電柱が、半年ぐらいしたら直っていたという話になれば、ある種の自己効力感が生まれる。自分が参加することで社会が動くとわかれば、政治も変えられると思えるようになるんじゃないかと。

——民主主義を後押しするプラットフォームでもあると。

加藤　その文脈で言えば、分断がいくら元に戻ったとしても、エッセンシャルワーカーの仕事を下に見ているようでは結局うまくいきません。

古屋　まったく同感です。

加藤　その部分へのリスペクトをどうするか。もし道徳教育で解決しようものなら。

古屋　もう最悪ですね。「エッセンシャルワーカーの仕事って大切なんだよ」みたいな道徳教育が学校で始まったり、助け合いで、共助や絆で、となったりしたら本当に最悪です。

加藤　そこは、社会的な活動を楽しんでやってもらうしかない。

古屋　だから、非中央集権的な仕組みをどう作り直すか。新たな担い手をどう民主化していくかを考えていくことが、すごく大きな人類社会の今後の課題です。日本はそれに最初に直面している状況だと思います。

僕は、寿命がどんどん延びていくことを心から喜べる社会をつくりたいと思っています。高齢化社会の最大のボトルネックは、年金など社会保障ではなく人手不足です。労働の担い手の割合が減っていく問題にいかに対応するか、空いたピースを埋めないといけない。

加藤　テクノロジーを使い「仕事の民主化」のプロセスをしっかり回す。時間もかかりますが、その間にみんながプロセスに慣れれば、バランスが取れていくのではないでしょうか。

古屋　すでにTEKKONでは、インフラの写真を撮る人だけでなく、画像を購入し活用する電力会社もあり、エコシステム（生態系）ができつつある。

加藤　ベンチャー企業は基本は売り込みに行くものですが、TEKKONで協業にこぎ着けた電力会社は、どこも向こうから来てくれました。

古屋　それはやはり現場が圧倒的に困っているし、経営陣も、現場の人手不足をどうするか、社会に対して何らかの解決策を提示しなければいけないという切迫感がめちゃくちゃ強いからですよね。

――社会の仕組みや価値観を変えていくプラットフォームをつくる上で何が重要ですか。

加藤　一つは楽しいこと。楽しくて、多くの人を幅広く巻き込んでいくことを意識しています。TEKKONの設計では、優秀なエンジニアを集め、マクロ的に何が正しいのか、裏ではがんがん議論しています。ユーザーには、そのことを理解してもらうのではなく、どうやったら楽しんでもらえるかを徹底して考えることが重要です。

もう一つはビジョンです。もう少し日本の人たちが正しく、いろいろなものをジャッジできるようになればいい。様々な分断や差別が渦巻く世の中だからこそ、地に足がついた議論をできるようになればいいと考えています。その一つのソリューションになれば、と思っています。ビジョンがあれば、足元で逆風が吹いても萎えることなく、もっとでかいことをやっていこうという気持ちになれます。

古屋 人間にとって、楽しいとか、わくわくするって、すごく大事です。僕はこれからの日本は、面白いことが多発する世の中になっていくと思っています。日本は確かに、ちょっとまずい局面に入りつつあるかもしれませんが、その分、前例がどうだとか、ルールがどうだとか、変な足の引っ張り合いもなくなってきつつあるんです。

ふるや・しょうと　1986年岐阜県生まれ。2011年一橋大学大学院社会学研究科を修了し経済産業省に入省。産業人材政策、福島の復興・避難者の生活支援、政府成長戦略策定に携わる。17年からリクルートワークス研究所。労働市場や次世代社会のキャリア形成を研究し、23年3月に同研究所が発行した「未来予測2040」

のプロジェクトリーダー。近刊に『「働き手不足1100万人」の衝撃』（プレジデント社）。

かとう・たかし　1978年東京都生まれ。2001年早稲田大学理工学部卒業後、東京三菱銀行（現・三菱UFJ銀行）に入行。法人融資などに従事したのち退職。事業再生コンサルなどを経て起業家に。東京大学の研究者と創業したヒト型ロボットベンチャーを13年にグーグルへ売却。18年には米シリコンバレーで起こした水道管の劣化を予測するソフトウェアの会社が日本の水処理大手の傘下に入る。20年、シンガポールにNPO法人ホール・アース・ファウンデーションを設立。東北大学特任教授（客員）。米カリフォルニア州在住。

第二部

ともに支える

1　若い世代と考える

「8がけ社会」はなぜ避けられなかったのか。どう乗り越えていけばいいのか。取材班は、2024年1月の連載企画の終了後、8がけ社会に関するアンケートを実施し、その課題や解決策について当事者や読者とともに考えた。

8がけ社会取材班は企画の構想段階から、未来を語る若い世代のコミュニティ「朝日新聞DIALOG」学生部メンバーと議論を重ね、取材の進め方や企画作りに生かしてきた。連載終了後の2024年2月、議論に参加した大学生と取材した記者が集まり、改めて「8がけ社会との向き合い方」を語り合った。

■座談会の参加者
北村真弥さん（20）　神戸大3年

佐野智咲さん（21）国際基督教大3年
中西仁さん（21）青山学院大3年
宗像きしなさん（21）武蔵大3年
田中愛奈さん（20）九州大2年（オンライン参加）
中山直樹記者（29）西部報道センター
奈良部健記者（41）東京経済部

ずっと言われてきた問題

――現役世代が2割減る8がけ社会という問題設定について、どう思いましたか。

中西 東京にいると、普段の暮らしで人手不足を実感する瞬間はありません。店にも従業員はいるし、交通手段も不便はない。身近な問題として捉えづらいです。

宗像 最初は、かなりネガティブな見方だと感じました。人手不足や少子高齢化の問題は、小学生のころから「あなたたちの世代が支えなきゃいけない」と言われ続けてきた。当時からずっと同じ話をしているような気がします。

佐野 私は、連載に少し期待しました。今までも解決策が全然見えないまま、「問題だよ

「8がけ社会」について語り合う「朝日新聞DIALOG」学生部メンバーと記者

ね」だけで終わっていたから。解決策を見つけていきたいという連載は、いいなと思いました。

――8がけ社会は、みなさんの生活にも影響が出そうです。まもなく働き手になる立場として、どうすべきだと考えますか。

田中　働くことは人生で大きな割合を占めるし、自分の存在意義にもつながる。だからこそ、8がけ社会でも、自分にしかできないことを楽しんでやる、という考えを忘れてはいけないと感じます。

宗像　私は逆に、自分にしかできない仕事はそんなにない、と思っています。自分の代わりがいると思えれば、働き手も気楽になれるし、プライベートの充実にもつながる。社会が流動的になることは8がけ社会にも有効だと思う。

佐野　以前からソーシャルビジネスに関心があり、社会問題をビジネスで解決する視点が大事だと考えています。少子高齢化対策は、国や行政に任せてもうまくいかない。でも、ビジネスの枠組みで考え、解決策の提示が利益にもつながるなら、社会は動くかもしれない。実際にそうした考えが連載でも取り上げられ、自分の意見が反映された喜びを感じました。

北村　企画作りの議論でも、雇用側と働き手をマッチングさせるアプリを使った単発バイトの話になりましたね。友人でやっている人もいますが、留学の準備や就活などで忙しい時でも自由に働き方を選べるところがいい。こうした仕組みをうまく使えば、人手不足解消につながるかもしれません。

おじさんの壁　悲しくなった

――発想の転換や、参加する人が楽しめる仕掛け作りが突破口になるのでは、と連載でも提示しましたが、どう読みましたか。

中西　連載の冒頭に作家の多和田葉子さんのインタビュー（176ページ）が載りましたが、

「元気な高齢者がひ弱な若者を介抱する未来」という逆転の発想に驚きました。現実に置き換えても、若者と高齢者が相互に助け合わないといけないのは間違いない。これからは、双方がどんな助けを求めているのかを聞いて、お互いに支え合うことが必要となるでしょう。そんなやりとりがなければ、社会の雰囲気は変わらないと思います。

田中　私も、多和田さんが提唱する「いまある範囲の中で満足する」という考え方は斬新だと感じました。そうやって生きていかないと、この先は立ちゆかなくなる、と痛感しました。

宗像　「おじさんの壁」が社会の変化を妨げてきた、という記事が印象的でした。未来を変えられなかったどころか、少子化問題の議論すらできなかった、と振り返る厚生労働省元幹部の話を読んで、「とんでもないことをしてくれた」とあきれました。結局、誰も私たちの世代のことを考えてくれていなかったんだと悲しくなりました。

北村　私はずっと「若者はどうして海外に逃げないんだろう」と思っていました。学費や生活費が安く、経済も発展している国はたくさんある。でも連載では、国内でも若い世代が興味のあることにどんどん飛び込んでいることが紹介された。それが社会課題の解決につながればいいな、くらいの気楽な気持ちで行動していると知り、なるほど、と思いました。そこに希望があるかもしれません。

――議論を重ねることで、8がけ社会に向き合う心境に変化はありましたか。

中西　まずは、この厳しい現実を受け止めることが必要だと思いました。加えて、同世代の友人と、この現状を共有しないといけない、とも。

田中　今までは、自分がしたいことを中心に将来を考えていました。それが、自分が社会に対して何ができるかを考えてみよう、と思うようになりました。社会を動かすのは国や政府であり、自分には何もできないと思っているところもあったのですが、身近なところでどう社会に貢献するかを考えて動いている人たちがいるんだ、と連載を読んで気づきました。

北村　私は逆に、社会に対して何ができるのか、と考えるのをやめようと思っています。なぜなら、すごく負担に感じてしまうから。楽しそうとか面白そうとか思って首を突っ込んでみて、結果として課題解決につながる方向に持っていく方が、絶対に楽しい。「上の世代から押し付けられた」みたいな負担感を感じず、やりたいことをやっていきたい。

佐野　どんな社会が望ましいのか、みんなで話し合いたいと思いました。少子高齢化の話をすると「出生率を高めなきゃいけない」とみんなが言う。でも、それが行き過ぎると、戦時中の「産めよ殖やせよ」になってしまう。少子化が続いても、高齢者がみんなで協力し合い、それで幸せだよねと思えるような社会なら、出生率は低いままでもいいかもしれない。そんな議論をした方がいい。

宗像 増え続ける空き家に外国人が興味を持って住み始めたり、スマホアプリを使って電柱の写真を撮ることが公共サービスにつながったり。そんな試みを紹介する連載記事を読んで、ポジティブに捉え直す大事さに気づきました。8がけ社会では、できなくなることが増えると思う。その中で「選ばざるを得なかった」のではなく「選びたいものを選んだ」という実感を持てることが大事だと思います。その先に、みんなが「これでよかった」と思える社会の姿が生まれるのではないでしょうか。

取材した記者が思うこと

企画作りの中で学生の一人が漏らした。「1年後の自分のことさえ想像もつかないのに、2040年の日本と言われても……」。率直でリアルな心の内だろう。

一方で人口推計は、かなり正確に未来を予測する。働き手は減り、支えるべき高齢者は増える。厳しい現実は避けられない。

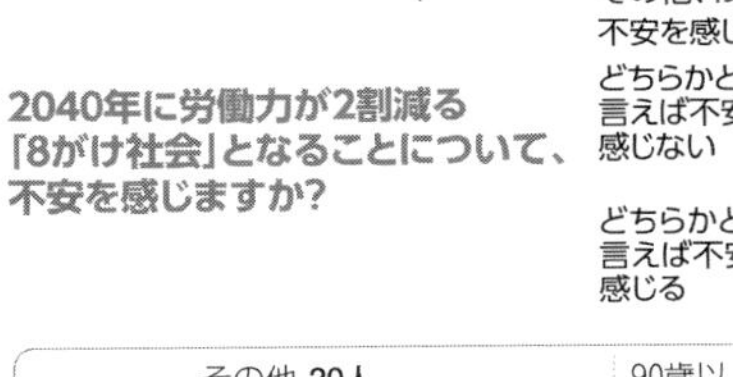

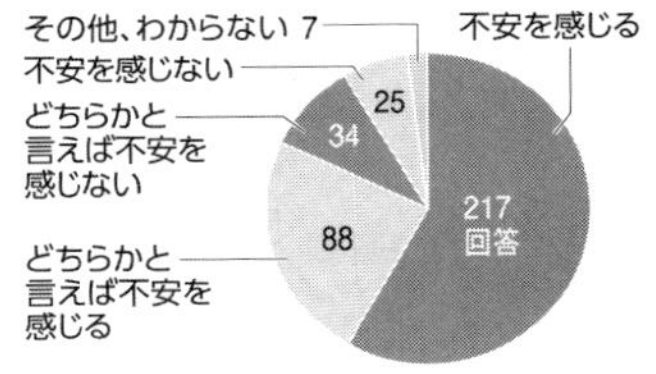

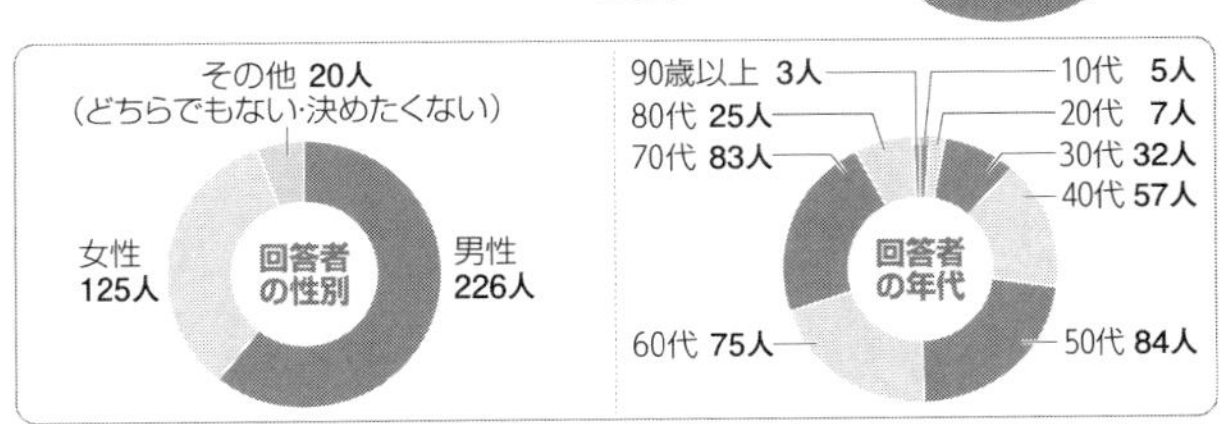

朝日新聞デジタルのアンケート　2024年2月8日～29日　計371回答

では、どうするか。取材で出会った同世代は、意外なほどポジティブだった。「課題はデカい方がやりがいがある」。そう言って、人手不足が深刻な福祉業界に飛び込んでいく青年もいた。

便利さが飽和した社会で、若い世代はモノではなく体験を求めていると感じた。目の前の人の役に立った実感、友人と一緒に汗水を流して得られた成果——。SNS世代だからこそ欲する手応えややりがいにこそ、チャンスがある。

未来の課題は重い。「何とかしなければ」との義務感だけを頼りにすれば、息切れする。だからこそ、将来の主役世代から湧き出る好奇心や欲求が解決策につながる仕組み作りが必要になる。

（中山直樹）

2　ロスジェネ女性の道筋は

社会を支える現役世代がいまの8割に減っても、誰もが生きやすく、それぞれの力を発揮できる社会にするにはどうすべきか。記者（28）が、困難に直面するロスジェネ女性の当事者とともに考え、その道筋を探った。

「私たちは社会に大事にしてもらえなかった。悪い歯車に乗っかったんです」

連載企画を読んだ神奈川県の40代女性は、取材班の一人だった私にそう語った。

女性が社会に出たのは、1990年代後半から2000年代前半の就職氷河期だ。朝日新聞は07年の新年企画で、当時25〜35歳だった世代を「ロストジェネレーション（ロスジェネ）」と名付けた。非正規で働く割合が高く、いまも多くが低賃金と不安定雇用にさいなまれている。

フルタイムの非正規雇用で働いて20年近くになる女性は、ロスジェネそのものだ。独身で実家暮らし。いまの職場は幸い雇い止めがなく、やりがいも感じている。だが、経験と実績を積んでも評価は上がらず、最低賃金のまま。一人暮らしを始める余裕はない。両親から「私たちが死んだらどうするの」とよく聞かれる。

就職氷河期、運良く就職決まったが

ロスジェネ世代の女性

社会に出てすぐ、製造業に正社員で採用された。就職氷河期にしては運良く、学校のOBのつながりですんなりと就職が決まった。職場は9割が男性だった。数少ない女性の日課は1日3回のお茶くみで、宴会では「上座の幹部にお酌をして」と言われた。同じ正社員でも男女で与えられる機会が違い、「どうして私だけ」と違和感が募った。

ここではやりたい仕事ができないと考え、3年で辞めて販売業に非正規で就いた。望んだ仕事だったが給料は激減し、生活のために三つの仕事を掛け持ちしたこともある。贅沢(ぜいたく)はせず、正社員のときは楽しみだった旅行を我慢した。

連載では、ロスジェネ世代を非正規雇用へと追い込んだ時期について、「人口減少を緩和できたかもしれない三つの分岐点の最後の一つ」と指摘した。しかし、人口問題に長年関わってきた元厚生労働省幹部は、こう語った。「最大の危機かつ最後のチャンスは、ロスジェネを生んだ時期だった。女性が男性並みに働くことを社会は受け入れず、非正規雇用を黙認した」。ロスジェネ世代の女性たちは、結婚や子育ての適齢期にその力を奪われ、出生率の低下につながった。

「当時社会を動かしていた人たちは『どうにかなるだろう』と思っていたんでしょうね」と女性はつぶやいた。連載では約40年後、未婚・離別の単身女性の約半数が、老後に生活保護レベル以下の収入になるとの予測も紹介した。この女性も年を重ねるごとに「生きていくためのお金が足りるのか」と不安が増すという。

「女性はこうあるべきだ」という固定観念をずっと感じてきた。「なぜ結婚しないの」「まだ（結婚や出産は）いけるでしょ」と聞かれることがいまもある。「上の世代がそう思い、社会のシステムもそうなっている」。それこそが、社会の変化を妨げる「おじさんの壁」に重なる、と女性は思う。

救いの自助グループ　2種類の札を手に

人手が足りない8がけ社会を乗り切るには、誰もが生きやすく働きやすい社会をつくるしかない。女性には救いとなっている場所がある。まもなく発足5年を迎える自助グループ「にょきにょき会」。横浜市の「男女共同参画センター横浜」の支援で月に1度、非正規職に就く35歳以上の独身女性が集まる。

女性たちは輪になり、2種類の札を持つ。「ただ聞いてほしい」「アドバイスをください」。そのどちらかを掲げて、自由に話し始める。持ち時間は1人5分ほど。働き方、住まい、親の介護、今後の人生をどう生きるか……。

境遇の似た仲間と出会い、女性は「声を上げないといけない」と思うようになった。毎日を生き抜くのに精いっぱいで、心身が追い詰められた人の中には、声を上げることを諦めた人もいる。そんな声も代弁しなくては、との思いから「自分の一票なんて」と思っていた選挙に行くようになった。

非正規の低待遇を改善し、固定観念や偏見をなくし、仲間とつながれる場を増やす。社会は、もっと「声」を聞いてほしい。女性は、最後にこう話した。「8がけ社会に向けて、できることはたくさんあると思います」

ターゲットは女性だけでない

ロスジェネ世代の単身・非正規雇用の女性たちは、持てる能力を十分に発揮できずに不安定な生活を強いられ、日本社会の「支え手不足」の要因の一つにもなっている。どう乗り越えればいいのか。大阪経済大学の森詩恵（もりうたえ）教授（社会政策）に聞いた。

いまロスジェネは40～50代で、そろそろ親の介護が必要になるときだ。非正規雇用では介護で仕事を休むと、有給休暇を取りにくい状況がある。兄弟姉妹がいても、「子どももいないし、非正規なら仕事を辞めやすいだろう」などと思われ、非正規の単身女性に負担が集中しやすい。仕事を中断すれば、自分の年金に跳ね返る。親を看取る責務を果たした満足感はあっても、その後の生活はさらに苦しくなる。これでは支え手不足に拍車がかかってしまう。

既婚者であっても、パートの主婦が働く時間を一定以上増やすと、社会保険料の負担が新たに生じ、手取りが減る「年収の壁」がある。それを避けるために働く時間を減らすことが問題となっている。

「誰でもできる女性の仕事」と低く見られがちな介護などの職種は非正規化が進み、賃金も低水準だ。最低賃金を上げ、同じ仕事の賃金に不合理な差をつけない同一労働同一賃金を進めていく必要がある。

加えて大切なのは、性別に関係なく、高齢者や障害者、病気を抱えている人も含めて、自分の体力や能力に応じた働き方を決めることができ、細やかに調整して短時間でも働けるようにすることだ。ジェンダー平等は当然重要だが、女性だけがターゲットではなく、すべての人が働きやすい状況を社会に広げていく必要がある。

特に、今後ますます増える高齢者の雇用の確保が鍵だ。高齢者は孤独になりがちと言われるが、オンラインで会話を楽しんでいる人も多くいる。高齢者のＩＣＴ（情報通信技術）を活用する力を上げ、日常生活を支えるインフラとして整えれば、社会参加の拡大につながるだろう。

取材した記者が思うこと

取材で会った女性たちは、私に語った。「いつまでも割を食っている感がある」（愛知県の40代女性）、「ジェンダー平等なんて夢のような話」（高知県の50代女性）。諦めのにじむ言

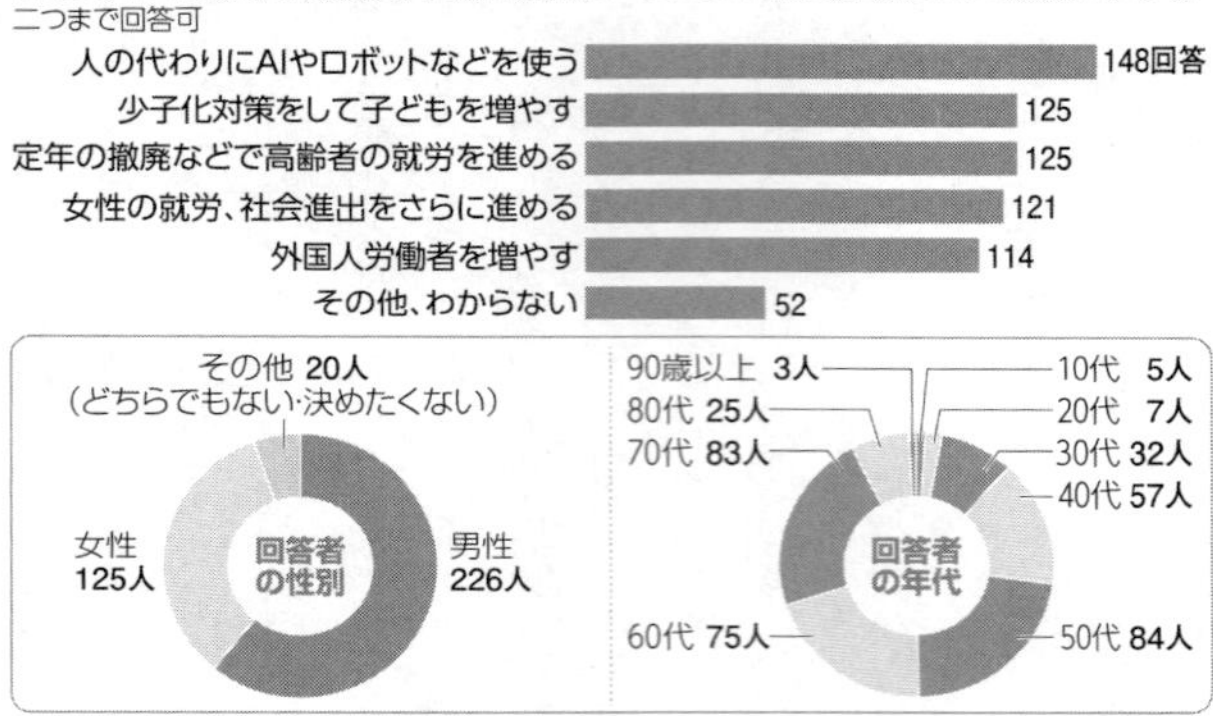

葉に、ここに至るまで社会ができることはなかったのか、と感じた。

1995年生まれの私が同世代に会うと、近い将来に迫られる選択の話になる。やりがいのある仕事か、子育てか。両方を望んだとしても、長時間労働や転勤が当然とされる職場では、子を生み育てながら働き続けることは難しい。8がけ社会を招いた要因がそうだったように、これから私たちが突きつけられるのは、「希望する人生を歩めるかどうか」という問題だと思う。

アンケートに「具体策を提示してこなかったメディアの責任は重い」との回答があった。同様の反省から、2023年秋に始動した8がけ社会取材班では「解決策を探すこと」を約束した。性別や世代を超えて議論し、伝えることを続けたい。いまは「夢のような話」でも、将来はその延長線上にしか作れないのだから。

朝日新聞が実施した8がけ社会に関するアンケートの自由回答には、ジェンダーに関連する意見も多く寄せられた。

●男性の働き方の見直しや家庭への積極的な参加の推進も、もっと早い段階で進めるべきだったと思います。しかし、依然として仕事と家庭の両立に悩まされているのは女性が多いし、男性の育休取得についてもごく最近のことに感じます。男女関係なく、本人の意思や能力に応じて適材適所で働いていける環境があればよいと考えます。（大阪、女性、20代）
●8がけ社会の問題は、女性差別や外国人に対する偏見など、日本人の心の閉鎖性によるものだと思います。目先の既得権や変化を嫌った姿勢が改革を進ませなかった。（必要なのは）女性に、これなら子どもを持っても自分の自己実現が可能であるという未来を示すことでしょう。（東京、女性、60代）
●人口不足による労働力不足と女性の社会進出をセットで語られることには憤りがある。

ライフスタイルもライフステージも多様化している中で、「社会の課題解決」が前面に出て、「個人」が働きたい、子どもが欲しいと思えるような「社会」になれなかったことが問題。(大阪、女性、40代)

●核家族化が浸透したのも原因だと思います。2世帯以上が一緒に暮らし、孫の面倒を見るようになれば、夫婦が社会に出やすくなる。そのような家族が暮らせるような住居の供給を増やすことも子育ての不安を払拭することになるのでは。(東京、男性、60代)

●国会議員が高齢者・男性ばかりで、何が問題なのか想像力が足りなくて危機感がなさ過ぎた。効率や経済成長を追うのではなく、自然とともに暮らし、ゆったりと働き、家族だんらんができる心豊かな生活へと生き方を変えていけば、自然と出生率も上がるのではないか。(大阪、女性、50代)

●女性の高学歴化、社会進出は不可避な流れとなる中、家庭や育児のあり方について古い観念から抜け出せなかった。男女の役割平等化、育児サポート制度のさらなる充実が必要。また、非正規労働者を増やしたことは、若年層の貧困化や人生設計の不安定化をもたらし、非婚化、少子化につながった。(東京、女性、60代)

(太田原奈都乃)

3 政治家に聞く「解決の鍵」

8がけ社会の突破口はどこにあるのか。法律や予算を作る政治家の役割は、とりわけ重要だ。その一方で、政治家を選ぶ私たち一人ひとりも、直面する困難に向き合わなければならない。アンケートの回答をもとに与野党の政治家に聞いた。

予見できた8がけ社会を食い止められなかった責任は、政治にあるのではないか。371件の回答が寄せられたアンケートでは、「少子化問題より目先の利益を優先した」「何が問題なのか、想像力が足りない」など政治への注文が相次いだ。国のかじ取りを担う政治家は危機感を共有しているのだろうか。

「今まで通り」は通用しない

「日本が抱える最大の課題」。8がけ社会に強い懸念を抱いている政治家の一人が、総務省出身で自民党の宮路拓馬衆院議員（44）＝鹿児島1区＝だ。

人口減問題に取り組む超党派の議員連盟の事務局長として、人手不足の議論が介護や運送、建設など個別の分野にとどまっている問題点を挙げる。「いま起きていることは人手の取り合いだ。運送分野だけ解決すればいいわけではない。教育、農業、製造

宮路拓馬衆院議員

業はどうするのか。人手不足の問題をトータルで議論することが必要だ」

その通りだと思いつつ、問題が見過ごされてきた理由を問うと、「人手不足はアベノミクス下でもあった。女性の社会進出と定年延長で何とかなっていたが、それがいよいよ続かないことに皆が気づき始めたのだと思う」と語った。

働き手の中核である現役世代が減る8がけ社会の取材で、「今まで通り」は通用しないと痛感した。都市部でも支え手が足りなくなるなか、過疎地域で住民の生活を守るには居住地の集約が欠かせない、と思う。維持に手間がかかる水道の配水管は短くて済み、人手不足が最も深刻な介護でも効率よく訪問介護ができる。

だが、2月の衆院予算委員会で8がけ社会を取り上げた立憲民主党の湯原俊二衆院議員(61)＝比例中国＝は、効率優先の議論は「最後は東京・大阪・名古屋しかいらないということになる」とし、「乱暴すぎる」と指摘した。

湯原俊二衆院議員

選挙区の鳥取県ではスーパーや銀行が撤退し、医師不足も深刻だ。体感では、すでに「5がけ社会」になっている。「橋や道路などのインフラを完璧には維持できない」との問題意識は共有しつつ、「それでも、その地域に人が住んでいる限り、切り捨てるべきでない」と話した。

8がけ社会でも人権は最優先であり、農家出身の立場から「中山間地域に人がいるから、食料や国土が守られていることも忘れるべきではない」と訴える。

では、今後さらに人手が減る中で、公共サービスはどう維持すべきか。「農業を担ってもらうための補助金の使い方の見直しや外国人労働者の受け入れなど、やるべき議論はたくさんある」。100かゼロかの議論に流されず、いかに8がけ社会へと軟着陸できるか、模索すべきだという。

「政治家任せでは乗り越えられない」

一方、NTTドコモ出身で自民党の小林史明衆院議員(40)=広島7区=は、支え手不足の課題を前向きにとらえていた。

「人口が減少しても十分に回っていく日本社会を築くことは可能だ」

明るい未来への道筋として重視するのが、規制改革とテクノロジーの導入だ。例として、介護分野では、人員の配置基準を緩和して事業者の柔軟な運用を認め、介護ロボットなどの新規技術を導入していけば、人手不足は十分に補える、と語る。

小林史明衆院議員

だが、実際に地方の現場を取材すると、テクノロジー導入への抵抗感や、コスト高を訴える経営者も少なくない。「現実」はそう簡単に変わらないのではないか。そんな問いかけに小林氏は「いずれ、設備投資よりも人手の確保にコストがかかる日が来る。政府は、そのために設備投資しやすい環境を整えている」と主張した。

アンケートでは、「国民の代表としてルールを作り、結果責任を負う政治」を求める声が多い。小林氏は「政治に反省のポイントもある」としつつ、「8がけ社会は、決して政治家任せでは乗り越えられない。働き手も経営者もみんな、いかに生産性を上げるか考えてほしい」と話した。

確かに、政治の役割は重要だとしても、それだけで8がけ社会の問題を解決することは難しい。実際に、創意工夫で人手不足を克服している会社もある。官民を問わず、困難を突破するための力を合わせることが鍵になると私も思う。希少になる働き手やサービスを前提に、まずは身の回りでできる無駄減らしや効率化から始めたい。

「8がけ社会」で最も困ることは

8がけ社会に関するアンケートでは、2040年に労働力が2割減る8がけ社会について、8割超が「不安を感じる」「どちらかと言えば不安を感じる」と答えた。一番困ることは何か、との問いには「介護、医療サービスの低下」が最も多かった。取材に応じてくれた回答者の声や、寄せられた意見を紹介する。

「お産ができる施設がどんどん減っています」。高知市の契約社員、竹内明里さん(37)は、

将来、人手不足が引き起こす生活維持サービスの低下で、一番困ることを何だと思いますか？

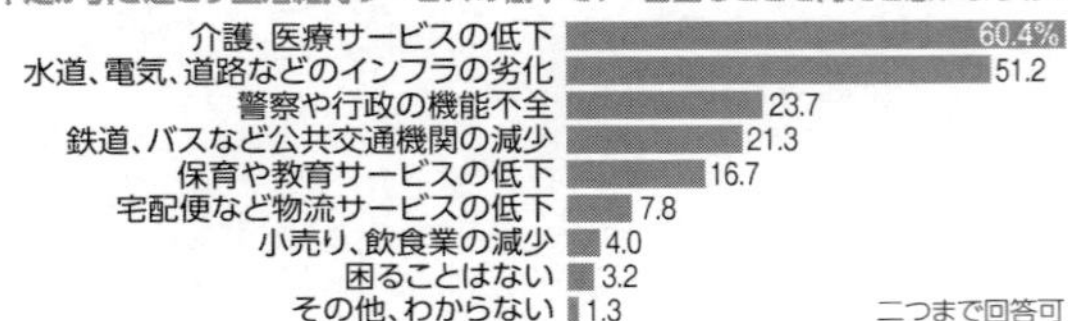

社会の支え手が減っていく「8がけ社会」を突破する鍵はどこにあると思いますか。日本社会をどう変えたらいいか、考えに近いものを選んでください

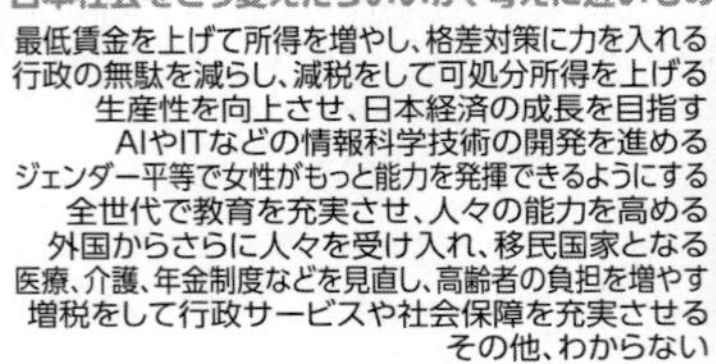
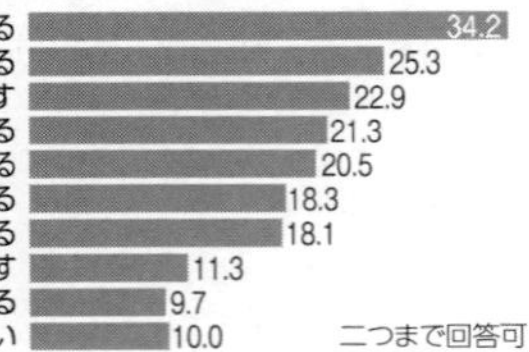

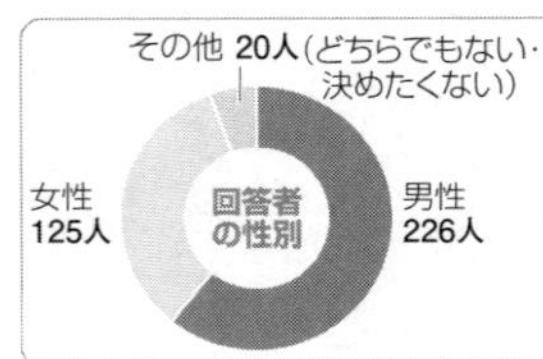

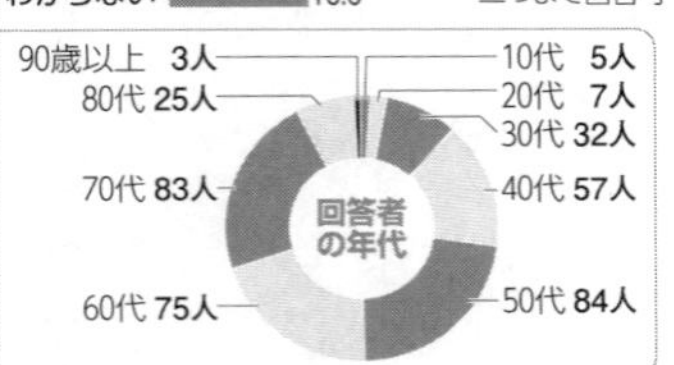

朝日新聞デジタルのアンケート 2024年2月8日～29日 計371回答

少子化と産科医不足などにより、分娩できる施設が集約されていることに不安を訴えた。「中心地にいないと、病院へ行くにも一苦労です。安心して出産できる態勢は維持してほしい」

京都府の40代女性も「このまま人手不足が続くと医療や介護のサービスにつながれず、家族が見ることになれば就業人口が減る悪循環に陥りそう」と意見を寄せた。

8がけ社会を突破する鍵はどこにあるのか。「格差対策に力を入れる」「行政の無駄を減らす」「生産性を向上させる」との回答が上位に並んだ。和歌山県の50代男性は「エッセンシャルワーカーへの正当な対価を所得として保障し、社会インフラを作り直す」とアンケートにつづった。

「どちらかと言えば不安を感じない」とアンケートに答えた大正大学社会共生学部の高原正之教授（労働経済学）は、生産年齢人口がピークだった1997年と比べて、2023年はすでに「8・5がけ」となっているが、高齢者や女性の雇用の拡大などで就業者は増えていると指摘。取材に対し、「労働市場の需給に合わせて賃金を調整していけば、就業率が上昇し、労働生産性も改善され、働き手不足はカバーできるだろう」と語った。

自由記述では、政治の責任に言及する意見が多い一方、「それを選んだ私たちの失策」（熊本県の40代男性）、「自分も含めて自身が社会をつくっている意識が希薄」（東京都の40代男性）などと、当事者としての意識の低さを省みる回答もあった。

取材した記者が思うこと

8がけ社会に国会議員はどれほど関心を持っているのか。取材してみると、議連や自民党内部の会議、国会など、国の中枢の至るところで議論になっていた。だが、問題意識は同じなのに個々の議員が各自で取り組んでいる。8がけ社会を乗り越えるための司令塔の必要性を改めて痛感した。

デジタル活用や規制改革で人手不足問題に取り組む内閣官房の松田洋平参事官(46)も、私と似た問題意識を持っていた。「人手不足の問題に全体としてどういう方向を目指していくのか、目安や予測が見えた方がいいですよね」

どの業界で、いつまでにどれくらい人手が不足するのか、デジタル技術を活用すれば、何人規模で人手不足が改善されるのか、人間しかできない仕事に、人手はどれくらい必要なのか——。日本の人手不足の現在地や、解決に向けた設計図がない。

アンケートで、8割以上の人が少なからず不安を感じていると回答したのも当然だろう。8がけ社会を「正しく恐れる」意識を国民が持てるような施策が必要ではないか。

(笹山大志)

取材した記者が思うこと

8がけ社会を打開する切り札はあるのか。国際ロボット展を取材すると、主に工場で使われてきたロボットが、物流や飲食、建設や農業などの現場に登場し、人手不足の解決策として期待されていることが伝わってきた。

だが、2040年の労働力不足をロボットがどの程度補えるか、明確に答えた人は、話を聞いた主催者や出展者らの中にはいなかった。理由の一つは、ロボットが人々に受け入れられる「社会受容性」がどこまで高まるか、見通せないからだ。

主催者の一人は自動車を例に挙げ、「死亡事故が起きても車自体を排斥しないのは、法律やインフラなどの社会システムが整備されているから」と説明した。ルールや環境次第で技術の浸透度は変わる。そうしたルールは「私たちが今後の社会をどうしたいか」という意思と密接に関わるという。

ロボットに限った話ではないだろう。既存のシステムや価値観を転換し、8がけ社会を打開していけるかどうかは「私たち自身がどうありたいか」にかかっている。

（丹治　翔）

4　世代間不公平を考える――世論調査から

働き手が2040年にいまの8割になる「8がけ社会」では、介護などの分野で人手不足が深刻化し、サービスが低下すると懸念されている。朝日新聞の世論調査では給付と負担をめぐる若い世代と高齢世代の意識の差が見えてきた。この点に着目し、30歳の笹山大志記者と、57歳の浜田陽太郎記者がそれぞれの視点で取材した。「世代間格差」という切り口で、それぞれが見た風景はどう違い、どこで交わるのか。

現役世代が政策の失敗に気づき始めた

「世代間の不平等を促進する無駄だらけの社会保障制度は改革しろ」

4月29日昼、JR京都駅前で全国から集まった15人が声を張り上げた。20代〜40代の医師や司法書士、中小企業役員など職種はバラバラだ。

有志のグループ「次世代運動」は今年1月に結成。少子高齢化で医療や介護、年金などの社会保障費が増大し、現役世代の負担が増えることに不公平感を抱いている。

グループを立ち上げたのは青森県でフリーランスとして働く北村達哉さん（26）。政治経験のない一人の青年を突き動かしたのは日本の衰退を最前線で目の当たりにしてきた将来への危機感だ。

青森県の人口1万人にも満たない過疎地域で生まれ育った。地元の高校を卒業、障害者の福祉施設で働いた。若い障害者が人手不足を理由に受け入れてもらえず、施設の利用を拒否される姿も目の当たりにしてきた。その一方で、一生懸命働いているはずの同僚が子どもを育てるには生活が苦しいと訴えていた。

社会保障分野で不公平感を訴えるのは限られる日本の財源や人材が将来の世代のためではなく、高齢者ばかりに使われているとの考えからだ。

2022年、JR盛岡駅前で一人デモを始めると、X（旧ツイッター）上で共感の声が寄せられ、いまでは寄付などの支援者が160人を超える。各地でデモや署名活動をし、社会保障分野での高齢者と現役世代の負担格差の是正を訴える。「いま改革しないと、私たちの世代が子どもたちを搾取することになる」

朝日新聞の世論調査では、若い世代ほど介護サービスが低下してでも、負担増を避けたいといった傾向が見えてきた。ただ、いまは支え手の現役世代もいずれ自分の親や自身が介護を必要とする立場になる。それでも不公平感を訴えるのはなぜか。

デモに参加していた大学生（20）は「将来、同等のサービスを受けられる可能性が低いのに負担だけ強いられるのは許せない」と言う。

以前にもあった「世代間格差」への不満が再び顕在化している背景には何があるのか。

世代間格差に詳しい法政大学の小黒一正（おぐろかずまさ）教授は「最近までは政府の子育て政策、18歳選挙権導入などで若者の不満が収まっていたのでは」と指摘する。その一方で、医療や介護、年金制度の抜本的改革は先送りされ続けた。

いま、物価高などで生活が苦しくなりはじめ、政策がうまくいっていないことに現役世代が気づき始めた。介護では、サービスを受けられる人が制限され、現役世代が負担してきた保険料に見合うほどのサービスを親世代が受けられていないことへの不満もみられるという。

こうした現役世代の不満を放置すれば、怒りの矛先は高齢者に向き、世代間対立を生みかねない。小黒教授は「いますぐ受益と負担のバランスを是正する仕組みが必要だ」と訴える。

（笹山大志）

介護を「全世代の課題に」

「世代間格差」は過去にも論争があった。2005年度の経済財政白書では、政府からの負担と受益を世代別にみて、60歳以上の世帯は4875万円の黒字、20歳未満を含む将来世代は4585万円の赤字とする試算を掲載。「1億円の格差」として流布するようになった。12年にも内閣府の研究所が「社会保障を通じた世代間不均衡は無視できない大きさ」とする研究を公表した。

ただ、世代間の公平性を示す指標は金銭的な負担だけではない。老親の扶養や自宅介護といった負担、子育て支援による受益など世代によって考慮すべき要素は異なる。

厚生労働省は、特に40〜64歳も保険料を負担する介護保険制度について、高齢者への給付というより、家族による介護負担が軽減される現役世代への給付と考えられるとして世代間格差の主張に「強い違和感」を表明した。

介護と仕事の両立支援など企業の多様性推進に関するコンサルティング会社グループの社長で、経済産業省の検討会に参加した佐々木裕子さん(50)も、ごく最近、支援が必要な母親が一人暮らしする環境を整えて職場復帰し、現役世代への給付を実感した一人だ。

「いまの要介護高齢者の子ども世代は、きょうだいが少なく、共働きのケースが多い。このため、自分たちだけでは受け止め切れず、孫による介護などヤングケアラーも含めた全世代的な課題になっていく」とみている。

社会保障のための負担は経済の足かせで、現役世代にとってマイナスという見方は根強かったが、介護をしながら仕事をする「ビジネスケアラー」も今後、増えていくと見通されている。経済産業省は今年3月、両立支援に関する経営者向けのガイドラインを公表。「日本の介護保険は、世界的に見ても充実した制度」（担当者）とし、現役世代が働き続けるための介護給付と位置づけている。

（浜田陽太郎）

将来の介護「受けられぬ心配」9割

朝日新聞社は2024年2〜4月、「人手不足社会」をテーマに郵送方式の全国世論調査を実施した。人手不足を実感する事柄や不安を覚える分野、外国人労働者の受け入れや高齢労働社会の是非、仕事やサービスのデジタル化・無人化に対する受け止めなど、この先の8がけ社会に向けた社会の意識の現在地を探った。

朝日新聞社が実施した全国世論調査（郵送）のテーマ「人手不足社会」に関連して「介護」について質問したところ、人手不足で将来十分な介護を受けられない心配を感じる人が89％と圧倒的多数だった。人手を補う方策としては「介護職の給与を大幅に上げる」が56％と、他を引き離して支持された。

この先の高齢化社会に向けて、介護事業の担い手不足は特に深刻な問題とされている。自分や家族が将来「人手不足により十分な介護を受けられなくなる心配」を4段階で尋ねたところ、「大いに感じる」40％、「ある程度感じる」49％に対し、「あまり」（9％）と「まったく」（1％）を合わせた「感じない」は少数だった。

心配を「大いに感じる」は男性34％に対し、女性では45％と不安の強さがうかがえる。一方、「感じない」は全体の10％しかない中にあって、18～29歳は17％、30代は15％と上の世代より多めだった。

暮らし向きとの関連性もみられた。調査では、自身の生活水準が7段階（「上」と「下」がそれぞれ「上・下」の2段階。「中」が「上・中・下」の3段階）のどこにあてはまるか選んでもらっており、心配を「大いに感じる」との回答は、「上の下」の人では3割なのに対し、「中の上」「中の中」「中の下」の人では4割、「下の上」「下の下」の人では5割に上った。

介護の人手を補う方策は、五つの選択肢から特にどれに力を入れるのがよいかを一つだけ選んでもらった。

過半数の支持を得た介護職の大幅給与増に続いたのは、「家族による介護がしやすい仕組みの拡充」19％、「介護職の育成教育を進める」16％。政府は介護現場への外国人スタッフの登用を進めているが、今回「外国人の介護職を増やす」を挙げた人は4％にとどまった。

年代別にみると、「給与大幅増」は18～29歳の65％、30代の66％が選んだのに対し、70歳以上は43％と少なめだった。この年齢層は「家族で補う」が27％と他世代よりかなり多かった。

介護職員の平均賃金は全産業平均を下回り、なり手不足の原因ともされる。政府は事業所に支払われる介護報酬を2024年度の改定で引き上げたが、他業種の上げ幅に及ばない状況。現場や人手不足問題の研究者からは大幅な待遇改善を求める声が上がる中、調査結果からは世論も同様の意識があることがうかがえる。

一方で、介護サービスの水準維持には保険料、利用料や税金などの負担増も見込まれる。今回の調査で、「負担が増えても、介護サービスが減らないほうがよい（負担増）」か「サービスが減っても、負担が増えないほうがよい（サービス減）」かを尋ねたところ、「負担増」を選んだ人が56％と「サービス減」33％を上回った。

どの世代も「負担増でもサービス維持」が上回ったが、若い世代ほど「サービス減でも負担維持」の割合が高まる。60代では「負担増」対「サービス減」が58％対29％なのに対し、18～29歳では49％対42％と差が縮まった。

人手不足「感じる」7割

以前と比べて人手不足を「感じる」人は69％に上った。人手不足の影響が不安な分野は「医療・介護」「物流・配送」などが上位に。外国人労働者の受け入れを拡大する政府方針には、賛成62％が反対28％を引き離し、賛否が二分した5年余り前の調査から大きく様変わりした。

人手不足を感じるかは4択で尋ね、「大いに感じる」が23％、「ある程度感じる」が46％。「あまり」（27％）、「まったく」（2％）を合わせた「感じない」は29％だった。「大いに感じる」は40代が35％と多く、70歳以上は13％にとどまった。

この先、人手不足の影響が不安な分野を九つの選択肢から複数回答で選んでもらったところ、「医療・介護」80％が他を引き離し、「物流・配送」58％が続いた。「教育・保育」「建設・製造」「公共交通」「農林漁業」が約4割で並んだ。

「医療・介護」は男性75％に対し、女性が86％と不安が広がる。一方、「建設・製造」では男性47％、女性33％。「治安・防衛」は男性35％、女性27％と、男性のほうが不安視しているのがうかがえる。

世代差があるのは「公共交通」で、18～29歳だと29％にとどまるが、60代42％、70歳以上は45％が「不安」と答えた。

人手不足の業種を対象とした、政府の外国人労働者の受け入れ拡大方針については、2018年11～12月の郵送調査でも尋ね、賛否が44％対46％と拮抗(きっこう)していた。およそ5年で大きく賛成へと傾き、特に前回消極的だった高齢者の賛成が大幅に増加。60代では前回35％だった賛成が63％へと急増した。これにより、前回大きかった賛否の年代差がほぼなくなった。

同じく、人手不足の解決策とされる高齢者の労働についても5年前に続き、質問した。

「65歳を過ぎても働き続けるのが当たり前の社会」への是非は、「よい」57%が「よくない」34%を引き離した。前回は49%対41%と肯定派がやや多い程度だった。

この先のさらなる人手不足が予想される中で、「社会サービスが低下すること」への受け入れの意識も尋ねた。「受け入れるしかない」50%、「そうは思わない」46%と見方が割れた。

男性は53%対44%で受容寄り、女性は48%対48%で割れた。年代が低いほど「そうは思わない」が増え、70歳以上の56%対40%に対し、18〜29歳では41%対56%と非受容派が上回った。

（渡辺康人）

Writer's column 5

「若い世代は割を食っているのでは」と問われ

還暦間近の私が、30歳近く若い笹山大志記者から「若者は割を食っているのではないか」と問われたことから取材は始まった。人口減少や巨額の財政赤字を背景に、不公平論が広まる土壌はある。

これから、お金では解決できない絶対的な人手不足の時代がくる。希少な若い世代の不安や不満に向き合う重要性は増している。介護保険がもたらす現役世代へのメリットなど社会保障の意義を理解してもらいつつ、税や保険料などについて年齢に関わらず支払い能力に応じた負担を求めるなど、若い世代の納得感が得られる改革が必要だ。高齢世代にも、社会保障が世代間の助け合いの制度であることを理解してもらう必要がある。

年金を議論する厚生労働省の社会保障審議会年金部会の委員を務める時事ＹｏｕＴｕｂｅｒ・たかまつななさん(30)は、「すでに受給が始まっている年金を抑制する対策への風当たりは強いが、将来世代のために必要と言えば、自分の孫のためなら仕方ないと思う高齢者も多いはず」と感じているという。

次世代運動のサイトにある北村達哉さんのあいさつ文を読んで「(今年生まれる赤ちゃんたちが)今の僕のように、ほどほどに働き、休日は仲間たちとほどほどに楽しく過ごす……そんな日々を送れているでしょうか?」と問いかけた一節が目に留まった。運動の目標は「未来を生きる子どもたちに恥じない生き方をする」ことだというのだ。

この目標については多くの人が賛同し、「8がけ社会」でも持続可能な制度にしていくための、未来に向けた対話の糸口になりそうだ。


(浜田陽太郎)

Interview 未来は「言葉」の中に

多和田葉子さん（作家）

２０４０年には現役世代の人数がいまの８割になり、これまでの「当たり前」が通用しなくなると予測されている。私たちはどう生きていけばいいのか。日本の高齢社会の行き着く先を暗示するかのような小説を10年前に執筆したドイツ在住の作家、多和田葉子さんに聞いた。

――２０１４年の代表作「献灯使（けんとうし）」は原発事故を想起させる厄災後の日本が舞台です。作中で子どもたちは、カルシウムを摂取できず、パンを食べると歯がぼろぼろになるほど、体が弱い存在として描かれます。日本の将来を予知した「ディストピア小説」と評されることがあると思いますが、そのつもりで書かれたのですか。

わざわざ暗い未来をつくりあげたわけではありません。未来ではなく、いまある問題がどうなっていくかに想像力を働かせました。現実の問題は、私が書いているより、もっと大きいと思います。

――「献灯使」の主人公は107歳ですが壮健で、ひ孫をケアしながら、仮設住宅で細々と暮らしています。元気な高齢者が子どもをケアするという構図は現実とは逆のように見えました。どのような着想によるのでしょうか。

健康な高齢者が増える一方で、子どもたちは体力測定の結果を落としたり、心を病んだりしています。これからは必ずしも年寄りが弱くて子どもが強い、という考えは通用しなくなります。体が元気でも心を病んでいたら動けない。動けない若い人をケアするのは90代かもしれない。ケアはすべての年齢の人が必要とするものですが、与える側もすべての年齢の人が担うと考えた方がいいかもしれません。

長く生きていく中で大事なことの一つは、

多和田葉子さん

満足を感じられるかどうかです。これからはすべての人がいまのようなケアを受けることは、どうもありそうにない。むしろ自分が他の人を助けながら、与えながら満足できるかが、大切になってくると思います。

――107歳の主人公は、ひ孫のもろい体を心配する一方、タコのようなひ孫の動き方は人類の進化かもしれないと語ります。

優れた体とはどういうものでしょうか。速く走り高く跳べる体かというと、必ずしもそうではありません。時代や環境によって全然違います。狩りをするのか農業をするのかでも違います。イカやタコの動きは一見スポーツ性がありませんが、彼らの生活にはあの体が最適です。どういう体がいいかは、一概には言えないということです。

――社会や経済も、大きいことが優れているとされてきました。でもこれからは、いまの「8がけ」のサイズを目指すことになりそうです。

必然的に価値観は変わってくると思います。若いときも歳をとっても、お金の額では測れない種類の充実感がどれだけあるかが大事だと思いますが、高齢者の方が若い人よりもそのことに気づきやすいかもしれません。資源をたくさん消費して贅沢をしても、環境が破壊されて、結局は不幸になります。

人間が生きていくのに何が必要かを考える

――介護をはじめとするケアの現場では人手不足が懸念されています。

ケアを売り買いしたり、国の財政でどうにかしたり、ケアを商品のように扱うことを、私はどうかと思います。もうちょっと原点に立ち戻って、人間が生きていくのに何が必要かを考えないといけません。

――どういうことでしょうか。

例えば赤ちゃんが必要とするものは、年寄りが必要とするものよりずっと多い。子どもはコンピューターゲームをやらせておけば育つというものではありません。話を聞いたり絵本を読み聞かせたり。ものすごくたくさんのケアが必要なわけだけど、そういう人間的なケアっていうのは、目に見えにくく、忘れられてしまいます。でもそこから考えていくのが一番大事だと思います。つまり、ケアというのはすべての年齢で必要とするものであり、すべての人が与えることができるということですね。

――ケアの見方を変える必要があるということですか。

ケアはお金を払って受ける商品だと思うから、介護ロボットや外国からの労働者にケアしてもらう、という発想が出てきます。十分に受けられなければ不満を抱く。それで不幸になる。それはよくわかるんです。でも今後、すべての人がいまのようなケアを受けることのできる状況は、ありえそうもない。むしろ自分がどれだけ与えられるかが大切になってくると思います。これはもちろん個人の生き方の話で、政治が何もしなくていいわけではないんですけどね。

——政治は何をすればいいでしょうか。

政治はできる限り社会保障にお金を使い、戦争や軍備には使わないということでしょう。人口が減って経済的に危機だと言っているのに、わざわざ戦争をして町を壊し、若い人を兵隊に送って殺している。武器の製造にもかなりのお金がかかります。まずはこんな無駄なことをやめることを考えてほしいです。

——40年以上暮らすドイツでも人手不足はありますか。

移民大国のドイツでは人手不足はあまり聞きません。私は移民を受け入れるべきものだと考えていますが、人手不足とは切り離して考えないといけません。人手を商品として買い入れるみたいな考え方は、違うと思います。常に自分が移民の立場になって考えるべきだと思います。

どれだけ長く記憶を活性化し、伝えていくことができるか

――多和田さんはかつてロバート・キャンベルさんとの対談の中で、現実の深刻な問題に向き合うとき、硬直しそうな思考を前に進める鍵は「言葉」が握るとおっしゃっていました。

どういう未来になったら自分は幸せか。表現する言葉の中に喜びがなきゃだめです。それを想像できないなら、その未来を作れる可能性も少ないわけですから。

――未来を前向きにとらえるために心がけていることはありますか。

未来を考えるときに一番大事なのは、どれだけ長く記憶を活性化し、伝えていくことができるかだと思います。過去10年のことしか思い出せない頭で物事を判断していくと、未来は非常に暗いものになる。100年前、1千年前はどうだったか考えてみる。平安時代からみたら、私たちも宇宙人みたいな未来人ですよね。

――遠い過去から見ればいまはよくなっているし、2024年の経験も、未来の人が前向きに思考する助けになるかもしれません。

『まだ未来』という詩集を出したことがあります。紙であることを強調するような詩集です。私にとって紙は、未来と切っても切れないものです。デジタルな記録よりも図書館にある本のほうが、ずっと残りそうじゃないですか。

人間は、２００年は生きられないけれども、２００年もつ本はある。一見はかなくて、弱々しい。なんだけれども軽やかさがあって、実は粘り強い。そういう紙のイメージで生きたいですよね。未来。

たわだ・ようこ　1960年東京都生まれ。小説家、詩人。ベルリン在住。日本語と独語で創作。著書『献灯使』は全米図書賞（翻訳文学部門）を受けた。他にも『犬婿入り』（芥川賞）や『地球にちりばめられて』、朝日新聞で連載した『白鶴亮翅（はっかくりょうし）』などがある。

Interview

低賃金労働を期待する社会では出生率が上がるはずがない

小熊英二さん（歴史社会学者）

日本社会の過去と現在の姿を踏まえ、「8がけ社会」の未来をどう描くか。歴史社会学者の小熊英二さんに聞いた。

——労働力不足が問題になっています。

日本では最近の現象です。敗戦後は人口過剰の方が問題でしたし、1970年代までは地方の農林自営業から労働力が供給されていました。また女性・高齢者・若者が家計補助の縁辺労働力と位置づけられ、各種の低賃金労働を担っていた。

欧米諸国はすでに20世紀半ばには農村からの労働力供給が期待できず、移民を入れていた。日本は、特定の産業には90年代から技能実習生を入れましたが、全体的な労働力不足が深刻化したのは2010年代以降です。

――人口過剰の方が問題だったとは意外です。

1950年代前半までは経済復興も難航し、いまの年間新生児数の4倍近い「団塊の世代」を労働市場に吸収できるのかも懸念されていました。しかし、これは高度経済成長で自然に解消した。

その後に類似の問題が起きたのは「団塊ジュニア」、いわゆる「ロスジェネ」でしょう。この世代も前後の世代より3割ほど多い。

本来なら、この世代を労働市場に吸収するために良質な雇用を増やさねばならなかった。しかし政府が行った施策は、大学の設立規制緩和と定員増加で、大学に彼らを収容したことだけだったといえます。

60年代と違って経済が成長せず、この世代の非正規労働者の割合が高まった。その後遺症をこの年代は引きずっている。

いずれにせよ、21世紀初頭までは問題はむしろ労働力過剰であって、労働力不足ではなかったといえるでしょう。

80年代以降、自営業で働く人が減少した分、非正規雇用が増加

――それ以前は全員が正規労働者になれたのですか。

正規か非正規か以前に、50年代半ばまでの日本では、雇用労働者は有業者の約半分でしかなかった。残りは農林水産業をはじめとした自営業で働いていたのです。

大勢として、自営業世帯は減少しており、その子どもたちは新規学卒で雇用労働者になった。

しかし、70年代まではこれらの人々の多くが正規労働者になれたと考えられますが、80年代以降は正規労働者の数は3500万人前後で、大きな増減がない。自営業で働く人が減少した分だけ、非正規雇用が増えたのが実情です。

いまは非正規雇用の労働者すら足りない状況ですが、これは自営業の労働力プールを使い果たしたからだとも形容できるでしょう。

――地方の農業部門から都市に労働力が移

小熊英二さん

動したということですか。

地方から大量に人口が大都市へ移動したのは70年代前半までです。その後の地方からの人口移動は、いわば頭脳流出型でした。大都市の大学に進学するか、地方の大学から大都市の大企業に就職する形で人が移動した。

80年代以降になると、それ以外の形で大都市に移動しても非正規労働者にしかなれず、移動するメリットがなかったからです。

図式的に言えば、70年代までは都市部の低賃金サービス業や建設業では、地方からの労働者が働いていました。

その後、都市部の低賃金部門には、アルバイトの若者、女性の主婦パート、そして年金不足を補塡(ほてん)するために働く高齢者などの形で、都市内部の世帯から縁辺労働力が供給された。そしていまはそれも足りなくなり、留学生や実習生などの外国人が担っています。

――女性労働力は期待できませんか。

意外かもしれませんが日本の女性労働参加率はすでに米国やフランスより高い。問題なのは、その過半が低賃金の非正規雇用であることです。正規雇用の場合も女性は低賃金で勤続年数の短い介護・福祉業界が多い。

日本国内に低賃金部門を残さない

——今後の選択肢は？

三つ考えられます。一つは従来の延長で、移民で地方の農水産業や繊維産業などを支える。そのためには技能実習生のように企業や地域間の移動を制限する必要がある。

二つ目は地方の低賃金産業の維持は諦め、移民の地域移動を自由にすることです。都市に移動してもサービス業など低賃金産業に就く可能性が高いですが、地方より賃金が高い。

——三つ目の選択は？

日本国内に低賃金部門を残さないシナリオでしょう。最低賃金を2千円に上げれば、低賃金で維持されている産業は合理化を迫られる。スーパーはセルフレジ、外食は高価なレストランか自動販売機という、欧米の大都市に近い形になる。

福祉サービスは、私企業が高い料金で運営するか、北欧のように税で地方政府が担うか、介護保険料を上げるしか選択肢はありません。

——低価格の商品やサービスに慣れた日本人が許容できるでしょうか。

これまでの日本は低賃金労働や無賃金労働がいくらでも供給される状態に慣れきってい

ました。その多くを担ってきたのは、非正規労働や無償のケア労働を供給してきた女性だったわけです。

そんなやり方は限界です。賃金を上げて価格上昇を許容するか、税か保険料を上げて公的サービスを増やすしかない。

――諸外国はどんな選択をしていますか。

どの国もそれぞれ、賃金を上げる市場化、公務員を増やす公的セクター化、外から労働力を入れる移民国家化という道をミックスしている。

例えば、米国は市場化も移民受け入れもする一方、2021年の有業者に占める公務員比率は15％で、日本の4・6％の3倍にも上ります。スウェーデンは、働く人の29％を女性のケア労働者などの公務員が占めています。

次世代に低賃金労働を期待する社会では、出生率が上がるはずがない

――日本の人口減少は数十年前から推計されていました。なぜ今まで、効果的な手を打てなかったのでしょうか。

日本は深刻な労働力不足に陥ったことがなく、切迫感がなかったのでしょう。若い労働力は地方の農林自営業から供給されてきたし、低賃金労働や無償労働は女性がやるから問題ないと考えてきたからだとも言えます。

さらに逆説的な言い方をすれば、出生率の低下を人権や平等の問題と考えずに、労働力供給の問題としか考えてこなかったことも一因でしょう。

どうすれば出生率が上がるかの確定的な学説はありませんが、人間として生まれることに希望がもてる社会の方が出生率は上がるでしょう。

次世代に低賃金労働の供給源として生まれてほしいと考える社会で、出生率が上がるはずがないと思います。

おぐま・えいじ　1962年生まれ。慶應義塾大学教授。歴史社会学者。2016～19年に朝日新聞の論壇時評を担当。著書に『単一民族神話の起源』『〈日本人〉の境界』『〈民主〉と〈愛国〉』『日本社会のしくみ』など。

Interview

異質な文化混ぜ、新たな価値の創出を

安宅和人さん（慶應義塾大学教授）

働き手が減り、縮小していく社会にどう対処すればいいのでしょうか。日本の未来についての提言で話題になった『シン・ニホン』などの著書がある慶應義塾大学教授の安宅和人さんに聞いた。

――「8がけ社会」にどう向き合えばよいですか。

人が足りないことを前提に考えていくことです。このままではインフラは余りまくり、スクラップする体力すらなくなってくる。現状を受け入れて、どうやって社会を回していくか答えを見つけていかなければなりません。これまでは変化に応じて規模を大きくできるスケーラビリティーが重要でしたが、今後は縮小できる「逆スケーラブル」であることが大事です。

——どういうことですか。

いま問われているのは、人口調整局面でも社会を停止させず動かし続ける方法。これまで人は10倍100倍になっても回す正のスケーラビリティーのみを追求してきたのですが、逆向きの課題解決が必要になっているということです。

——デジタル化やロボットは期待できますか。

課題の設定と単なる省人化ではない打ち手次第です。例えば、過疎化が進んだ地域で、バスが不採算だからといって自動運転バスを走らせても解にならない。無人であっても走り続けるだけで相当のコストが発生するからです。フルタイム雇用を想定しないオンデマンド輸送、ライドシェアであれば答えとなりえます。

——海外人材は?

日本に愛着を持って定住してもらい、きちんと給料を払って働いてもらうならいい

安宅和人さん

けれど、むしろ定年制を撤廃して、働ける高齢者には長く働いてもらった方がよいと思います。女性の解き放ちもぜひとも進めないといけません。

価値創出を続けられるかの必須条件は「開かれているか」

――どんな未来を描いていますか。

都市にしか住めない未来ではない未来を作れないかと6年以上有志で検討しています。とはいえ、これまでの検討からわかっているのは、現在のエコノミクスと仕組みでは人口集積、都市化だけが、生きる基礎的な社会インフラ維持の視点でも、経済的な持続可能性の視点でも答えだということです。高密度で人が住み、それ以外を軽くすると1人当たりのコストが大きく下がる一方で、価値創出が容易になるからです。地方におけるコンパクトシティ化はまさにこれです。我々の検討するこれとは異なる未来を作るためにはかなりのゼロベース思考が要求されます。人口密度の低い「疎」である価値を保ちながら、価値を生み出し、採算の合う空間とは何かに答えを出す必要があります。

――地方は生き残れますか。

都会と地方という図式ではなく、「都市」と「疎空間」という図式で考える必要があります。都会であろうと地方であろうと、人口が集積した「都市的空間」しかいまのままでは生き残ることはできません。疎空間の場合、その土地らしさを保ちながらも、新しく価値を生み出し続けられるなら存続できる可能性があるでしょう。価値創出を続けられるかの必須条件は「開かれているか」です。異質を生み出し、受け入れられるかということです。異質の混ぜ合わせが新たな価値創出のベースだからです。

——どう実現しますか。

土地の記憶と価値を知る若い人たちから、外に出て経験を積んで戻る、異質な文化をつなぐ力を持つ人材を生み出せるかが一つの鍵となるでしょう。土地の有力者が国内外に出て見聞してくることも大切ですが、まずは、この土地を開いた空間にするんだという気持ちを持つ次世代リーダー層をそれなりに生み出せるかどうかが勝負になるでしょう。空間の育成には最低でも30〜50年の時間がかかりますから。

あたか・かずと　慶應義塾大学環境情報学部教授。マッキンゼー、ヤフーCSOを経て、LINEヤフーのシニアストラテジスト（現兼務）。一般社団法人「残すに値する未来」（「風の谷を創る」運動）

発起人。データサイエンティスト協会理事・スキル定義委員長。著書に『シン・ニホン』『イシューからはじめよ』など。

Interview

人間は「予測可能」。変化に適応していける

長谷川眞理子さん（自然人類学者）

右肩上がりで成長してきた人類の歴史の中で、「人手不足」という現象はどのように位置づけられるのでしょうか。進化生物学の立場から人間と社会を幅広く論じてきた自然人類学者の長谷川眞理子さんに聞いた。

——狩猟採集していたころから人手不足はあったのでしょうか。

人手不足は職業が細分化したことで生まれたのでしょう。狩猟採集をしていたころ、人はマルチで、身の回りのことは自分でこなしていました。食料を集め、火をおこし、けがを治し、子を育てていました。

定住し、都市や文明を築く段階から分業が進みました。マルチな人が10人集まるより、専門化したほうが効率は上がります。分業は、他人と内面を共有できる高度なコミュニケ

ーション言語がないとできない、人類ならではの営みです。

――人手不足はいつから問題になったのでしょうか。

転機の一つは貨幣の登場でしょう。元々は自分にしかできないことをしてあげたり、自分にはできないことをしてもらったりという関係の中で、やりくりしてきました。でも貨幣が登場すると、自分ができないことはお金を払ってサービスとして買うようになりました。多くのサービスを受けられるようになり、経済は成長してきました。

それでも私が小さいころまでは、子どもを預けるなど、隣近所で助け合うことはよくありました。それがなくなったのは、この半世紀ほどです。介護も保育もお金で買うシステムにしてしまいました。コミュニティは細り、お金で買う以外の選択肢がなくなりました。「お金がなければ何もできない社会」を意味します。

長谷川眞理子さん

こう考えていくと、人手不足の根底にあるのは、資本主義が生み出す、サービスへの欲望ではないかと思います。

そのサービスは本当に必要か

――どういうことでしょうか。

注文して翌日に届くような通販サービスは本当に必要か。私はいらないと思います。でもそれによって、人手が足りないと言われます。

人間が少ないというよりも、市場にゆがみがあるのでしょう。例えば賃金が安すぎるから、特定の職業で人手が不足します。介護や家事労働に対する評価が低すぎます。報酬の決まり方が、まずいのだと思います。

――2040年にかけて人手不足が続くと、いまあるサービスを維持するのは難しく、手放さざるを得なくなりそうです。

いまある生活水準を落とすことは非常に難しいでしょう。動物はみんな、現状からしか出発できません。例えば食事の回数を1日4回から3回に減らすとします。最終的にはアジャスト（適応）するとしても、それまでに共食いなどの悲惨なことが起こりうる。

人間は予測できるから、悲惨なことにならないように、システムを変えていくでしょう。いまの生活水準を引き下げるくらいなら、賃金を上げたり移民を受け入れたりという判断をすると思います。

――他の動物に比べれば、人間は適応できるということでしょうか。

計画停電のときのように、みんなで苦労を分かち合うのだと理解したら、できますよね。私は将来をあまり悲観していません。経済成長がなかったこの30年ほどの日本で育った若い世代は、欲望の持ち方が変わってきています。高級車はいらなくて、カーシェアで満足できる。そういう感覚を原動力にシステムをうまく変更して、落ちつくところに落ちついていくのではないでしょうか。

はせがわ・まりこ　1952年生まれ。総合研究大学院大学名誉教授。専門は行動生態学、自然人類学。2023年4月から日本芸術文化振興会理事長を務める。著書に『進化的人間考』など。

Interview

国が司令塔になって目配りを

増田寛也さん（人口戦略会議副議長）

2040年までに、市区町村の半分が「消滅」の可能性に直面する――。民間研究機関が、そんな予測で少子化対策が急務と提言してから10年が経った。だが、人口減の勢いは止まらず、この国の未来像はいまもかすんでいる。何に失敗したのか。いまからできることは。提言を主導した増田寛也さんに聞いた。

――人口減少に本格的に危機感を抱いたきっかけは？

岩手県知事を2007年まで12年間務めたとき、人口減を肌で感じました。小学校の統廃合や、成人式の出席者減少といった話をよく聞きましたし、農業や漁業で多くの外国人が働くようになっていた。しかし、まだ当時は国全体では人口が増えていたので、多くの人はあまり気にとめていませんでした。知事を辞めた翌年の2008年が、日本の人口のピークでした。

だから在任中の全国知事会でも、人口減を議論した記憶はありません。私は、岩手県の歴代知事で初めて人口減を前提に長期計画を作ったのですが、議会で「弱気になるな」と怒られました。県人口は、戦後ピーク時は約145万人でしたが、いまは120万人を切っています。

——なぜ、当時は関心が薄かったのでしょうか。

国立社会保障・人口問題研究所は、以前から市区町村別の将来推計人口を発表しています。就学児の将来人口を見れば、多くの自治体で小学校を統廃合せざるを得ないことは明らかだったのに、私の記憶では、このデータを有効に使っていた市区町村長はほとんどいません。人口は増えるものであり、頑張れば出生率は上げられる、という思い込みが強かったのでしょう。「産めよ殖やせよ」という戦前の国家政策の記憶が残っており、人口増を目指す政策がタブー視されてきた面もあります。

——増田さんが座長だった日本創成会議の2014年の提言を受けて、国が「地方創生」政策を打ち出した後も、地方は縮み続けています。

第2次安倍政権で石破茂さんが地方創生相となって予算をつけたのはよかったのですが、

人口減対策を盛り込んだビジョンと総合戦略づくりを自治体に求めたことで、地域間競争になってしまった。議会による検証にたえるため、自治体が短期的に成果を出そうとすれば、対症療法的に他地域からの移住者を増やす「社会増」を狙うことになる。自治体同士が人口の奪い合いをしても、全国で考えれば無意味ですから、むしろ近隣と広く協力して取り組む視点が必要でした。

増田寛也さん

「まち・ひと・しごと創生」「一億総活躍」など、看板は毎年のように変わったものの、やらないよりやった方がよかったのは間違いありません。ただ、何年か経って担当者が変わるとルーティン化し、形式的になる。成功例をまねすれば国からの交付金が取れると考えた自治体が、東京のコンサルタントと契約して計画づくりをしているのも随分目にしました。名前は違っても中身はほぼ同じ、という金太郎あめになってしまった。

――生まれる子どもを増やす「自然増」対策のあり方は？

やはり国が責任を持ってやらないと駄目でしょう。少子化対策は、身近な自治体がやると、上から目線の押しつけだと反発を受けやすい。例えば婚活イベントも、自治体が主催すると参加しにくいものです。

しかし国は、地方創生と子ども・子育ての担当部署を、途中で切り離しました。国の担当が変わったことで、自治体側にも、地方創生と子育ての予算や担当部局が別になるなどの変化が生じたように感じました。これで、果たして有効な手が打てたのか。人口減は、自然減と社会減が合わさって生じるわけだから、同じ考え方で取り組まなければいけないはずです。

岸田政権は「異次元の少子化対策」を打ち出しましたが、内容は別として、同じくらいの規模の政策をもっと早く打ち出すべきでした。例えばドイツでは15年ほど前、現EU（欧州連合）欧州委員長のフォンデアライエン氏が少子化の担当大臣だった時期に、若者世代が仕事と子育てを両立しやすくする抜本的な政策を採り、出生率が急上昇しました。

可処分所得では、必ずしも地方が不利ではない

――2014年の提言では、若年女性が減る自治体を「消滅可能性都市」と名指ししましたね。

若い女性が減ると社会減になるだけではなく、子どもを産む人が減るので自然減も進み、ダブルで効いてきます。例えば東北では、若年女性の多くが仙台や東京に出ていってしまう。男性の場合、進学や就職で転出しても30代以降に戻る人も少なくないのですが、女性はほとんど戻りません。

女性の働き口の選択肢が圧倒的に都会の方が多いことに加え、アンケートなどでは、地方の閉塞(へいそく)感を訴える女性が多いのです。東京は給与水準が高くても家賃や食費がかさむため、可処分所得では、必ずしも地方が不利ではない。それでも多くの女性が故郷に戻らない理由を考える必要があります。

――東京は、人を吸い込んで出生率を下げるブラックホールだと表現しています。

通勤時間が長く、子育ての環境もいいとは言えない東京に人が集まると人口減が進んでしまうので、なるべく地方で頑張りましょうと呼びかけたわけです。しかし、結果として東京一極集中は止まっていない。もう東京が本気を出して出生率を上げないと、国全体として効果が出ない段階になっています。

――そこで鍵になるのは、働き方でしょうか。

これを言うと大人の男はみんな下を向くのですが、男性の家事や育児への参加度が高まるほど、２人目以降の子につながるという調査結果があります。職場は、育休を長く取った人ほど高い評価をつけるべきだ、という意見すらある。結婚・出産・子育てに優しい企業かどうかを「見える化」し、就職活動をする若い人たちも情報を得られるようにする、といった改革が必要です。

――民間の有識者からなり、副議長を務める人口戦略会議が２０２４年1月に出した提言では、２１００年に人口を8千万人で安定化させることを目標としました。出生率を上げるためには、何が最も重要でしょうか。

人口問題について、お茶の水女子大学の学生と話をする機会がありました。彼女たちは、子どもを持つことはリスクだと考えていました。子どもを幸せにできるのか。教育費はどれだけかかるのか。自分のキャリア形成の時間が奪われるのでは。実に多くの懸念を感じていた。そんなリスクを、まずはすべて除去しなくてはいけない。その上で、仕事をしながら子育てをすることはハンディやリスクではなく幸せなことなのだと、わかってほしいと感じました。

これまでの政策決定者は、普通の市民、特に若い人たちとのコミュニケーションが不足していたのではないかと思います。決定的な世代間の意識ギャップがあったのではないか。若い女性の声を拾い、政策に結びつける。政府は、そこを欠かさずにやってほしいと思います。

――具体的には、何をしていくべきだと考えますか。
これから数十年ほどが、最も苦しい時代に

キャリアの問題で言えば、日本固有の新卒一括採用・年功序列・終身雇用というメンバーシップ型のモデルは、崩していく必要がある。いま欧米的なジョブ型の雇用形態に変えていくべきだという議論が起きていますが、メンバーシップから外れた非正規雇用の問題の解決は、出生率にも関わるからです。

住居についても、東京23区内は非常に不動産価格が高く、若い人たちが高額なローンを背負ったり、郊外に住んで長時間通勤をしたりしている。働き方にも住環境にも総合的に取り組まなければ、どうにもなりません。やはり国が司令塔になって目配りしなければ、自治体だけでは難しい。若年人口がさらに急激に減少する2030年ごろが挽回のラストチャンスだと言っていますが、遅れれば遅れるほど厳しくなる。いまが最後のチャンスだと考えた方がいい。

――この先、仮に出生率が上昇しても、2040年に現役世代の人口がいまの8割に減る社会の到来は、もう避けられません。

確かに人口増の努力は、かなり先にならないと効いてこない。一方で、人口減社会への適応は今後、少なくとも2100年ごろまではやり続けないといけない。どちらも、取り組みが遅くなるほど困難さが増します。これから数十年ほどが、最も苦しい時代になるでしょう。

その厳しい時期を切り抜ければ、次第に若い世代が増えて高齢化リスクも下がり、人口減が穏やかになって定常化に向かう。そこを目指していくしかありません。

ますだ・ひろや　1951年生まれ。旧建設省を退職後、1995年から岩手県知事3期。2007～08年に総務相。2020年から日本郵政社長、2023年から有識者でつくる人口戦略会議に参加。著書に『地方消滅』など。

Writer's column 6

「人手」が意味するものは

「人手」とは、不思議な言葉だ。人の手と書くが、それが誰の手か、よくわからない。介護施設で、荷物の配送で、建設現場で、人手が足りないと言われるが、議論になるのは手の数ばかり。頭も体も置いてけぼり。手だけ人から、切り離されているかのようだ。

思い出すのは、ホラーコメディー映画『アダムス・ファミリー』（1991年）に登場する「ハンド」だ。頭も体もない、手首から先だけの存在。古びた洋館で暮らす大富豪アダムス一家の同居人。指をクモのように動かして歩く姿は不気味だが、働き者で、頼りになる。劇中でアダムス一家は、悪いヤツらに自宅も財産も奪われ、その日暮らしのモーテル生活を強いられる。一家の面々は誰もまともに働けない。ただひとりハンドは、オフィスのバイトで八面六臂（はちめんろっぴ）の大活躍。面も臂（ひじ）もないのに、一家の支え手になる。

ハンドという名は日本語訳で、オリジナルの英語ではＴｈｉｎｇと呼ばれている。

なくてはならない存在なのに、人として扱われていない。人手も同じだ。報酬や待遇に引き寄せられる、のっぺらぼうか何かだと思われていないだろうか。

でも現実の人手は、ハンドのように都合のいい存在ではありえない。この当たり前の事実を強く意識するようになったのは、「8がけ社会」の取材で人手不足の現場を訪ねたからだ。能登半島の被災地では、道路の復旧にあたる作業員、災害ごみを運搬する漁師、医療機関のスタッフらと出会った。彼らは自宅が壊れて避難所生活を余儀なくされたり、家族と離ればなれになったりした被災者でありながら、地域を建て直す担い手でもあった。

なぜ人手は、おばけのように語られてしまうのか。

人類学者の長谷川眞理子さんへのインタビューをもとに考えるなら、「分業」の結果なのだろう。太古から人類は、小さな集団で手を貸し借りして生き延びてきたが、経済が巨大化すると、見ず知らずの他人の手もお金で買うようになった。賃金を上げれば、神の見えざる手に導かれた誰かが、仕事を片付けてくれる。それが誰の手か、などと考えなくても、社会は効率的に回ってきた。

ところが働き手の数が絶対的に足りなくなる8がけ社会では、お金を積んでも他人の手は借りられなくなる。朝日新聞が世論調査で「人手不足の影響が不安な分野」を複数回答で尋ねたところ、回答者の8割が「医療・介護」、6割が「物流・配送」を選んだ。右肩上がりの成長は終わり、これまでのように病院にかかったり荷物を届けてもらったりすることは望めないと、みんな感づいている。

もう手詰まりだ、と思っていた。作家の多和田葉子さんにインタビューするまでは。

取材では多和田さんの代表作「献灯使」になぞらえながら、介護や子育てなどのケアの人材不足について尋ねた。多和田さんはケアが売買可能な商品のように扱われていることに違和感があると述べた。誰もがケアの受け手であり、誰もがケアを与えることもできる。だから今後は「自分がどれだけ与えられるかが大切になってくる」と語った。

人手について考えるとき、私はいつも無意識に、自身をサービスの受け手と位置づけていた。自らの手を、人手に勘定していなかった。他人の手を借りられなくなるなら、自分の手を動かせばいい。頼るべきハンドは、自身の手だったと気づかされた。

ただし、多和田さんの言葉通りに、いきなり支え手になるのは、手に余る。まずは身の回りで、自分の手を動かすことから始めてみたいと思っている。

8がけ社会に向けて、個人ができることは思いのほかありそうだと取材で感じてきた。

例えばごみ収集の現場では、週2回の可燃ごみの収集を維持できるかが課題になっている。もし各家庭のごみの量を減らすことができれば、収集の頻度も減らすことができるという。収集作業員にはなれなくても、ごみを出さない暮らしはできる。環境にも優しい。

市民に「歩くこと」を促している自治体もあった。高齢者が増えて病院や介護施設のひっぱくが見込まれるが、増えるのが健康な高齢者であれば、財政や現場への負担は軽減できる。医者や介護福祉士にならなくても、彼らの負担を減らすことはできる。

ハンドに任せっぱなしにしないこと。切り離してきた生活の一部を、手の届く範囲に取り戻すこと。それを負担増と捉えるか、自身の暮らしを見つめ直す契機と捉えるか。

それぞれの手に委ねられている。

（真野啓太）

第三部

能登半島地震

——震災からみえたもの

1　被災地の現実

石川県の能登半島は2024年1月に大地震に襲われる前から、他の地域に先駆けて高齢化が進む、いわば「8がけ社会」を先取りしていた地域だった。2040年にかけては、日本のどんな地域に暮らしていても、高齢化と現役世代の減少とは無関係でいられない。そうした中で私たちは、大災害に対してどのように備え、対処し、再建を図っていけばいいのか。能登半島の被災地と全国の自治体を訪ねて考えた。

震災で従業員が半減

「もう帰ってこないだろう」

石川県珠洲（すず）市の建設会社社長、山下寿成さん（55）は、辞めていった従業員たちを思い浮かべながら、そう語った。

地震が起きて2カ月で、社員は15人から7人に減った。

金沢に2次避難している最若手の30代も退社した。断水が続く中、幼い子どもを連れて避難所生活を送るのは限界として珠洲を離れた。

社員が半減したが、仕事は山のように増えた。

発災直後から優先してきたのは、道路の復旧だ。道路をふさぐ土砂や住宅を自前の重機で撤去する。亀裂やひび割れは埋めたり補修したりしていく。

災害ごみを運ぶ漁師

市内には、震災から3カ月近く経っても応急手当ての必要な道路が無数にあるが、受けられる仕事には限りがある。震災前は毎日3～4現場をかけ持ちしていたが、いまは二つが限界だ。

「地域の生活道路から田んぼまで整備できるのは地元の建設業者だけ。復旧工事は急がないといけないが、私も従業員も被災者で休みも必要。圧倒的に人手が足りない」

道路の補修や被災した住宅の解体、河川や港湾、農地の修復、災害ごみの運搬……。県や市町、業界団体から地元の建設会社に要請される仕事はひっきりなしだ。

幹線道路の復旧や仮設住宅の設置のために県内外から多くの業者が被災地入りしているが、生活に直結した作業の多くは、地元業者が担うことになる。ただ、それに応じるマンパワーを確保できず、復旧は遅れていく。

仕事の急増と働き手の急減をもたらしたのは震災だが、人手不足そのものは震災前から始まっていた。

国勢調査によれば、この地域の２０２０年の建設業の就業者数は２８０４人。それまでの15年間で約2千人も減り、２００５年の就業者数の「6がけ」（6割）になった。

震災で社員が半減した山下さんの会社も、30年前には60人の社員がいた。近年は毎年のように定年退職が出る一方、募集をかけても若手は入らなかった。４分の１の15人になった震災前の社員も、70代や同業他社の定年退職者をアルバイトで雇うなどして何とか確保した。

そこに震災が追い打ちをかけた。輪島市など3市町の建設会社でつくる鳳輪建設業協会によると、53ある会員企業で働く人の数は「8〜9割になった」。珠洲建設業協会でも、「会員企業の総従業員約２５０人が3割ほど減ったのではないか」という。

若い世代の定着のために、どのような手を打てるか

人口流出は能登半島全体の課題だが、あらゆる業種で人手が足りないわけではない。石川労働局によると、震災で営業できなくなった宿泊や飲食などの業種の求人は低水準で、離職者が働き口を探している。だからといって、他業種の人材が土木工事の即戦力になるわけではない。

輪島市では漁に出られない漁師を建設会社が臨時に雇う動きがある。だが、仕事の内容は災害ごみの収集運搬で、技術や安全の観点から工事現場に入ることは難しい。とりわけ現場監督を務められる資格者が足りず、作業員の頭数が増えても受けられない仕事は多い。

山下さんの悩みは根深い。復旧は急ぎたい。だが、被災しながら仕事を続ける従業員に負担をかけすぎるわけにもいかない。

「1週間先の工事の人繰りを考えるだけで精いっぱい。復旧工事は10年以上続くだろう。そんな先まで誰が工事を担うのか。まったく先が見通せない」

インフラの整備や補修を現場で支える地元の建設業界は「地域の守り手」を自負する。輪島や珠洲では、そうした地域における重要性や価値を前面に出して地元高校に向けた人

材確保のための広報に力を入れてきた。

だが、そうした「使命」に共感していったんは業界に入っても、5年ほど働いて技術や資格を身につけると、金沢をはじめとする都市部へ転職していくケースも多い。

「金沢のほうが給料がいい」

「能登には娯楽がない」

「同年代の友人がいない」

地元の建設会社社長たちは、能登を去っていく20代のこんな声を聞いてきた。

仕事の魅力や待遇ではなく、若い世代がこの地域にこだわり、暮らし続けようと思えるには、どのような手を打てるか。

地元の業界関係者に尋ねて回った。自信なげに、「賃金が上がれば」「大型商業施設ができれば」と答える人はいたが、明瞭に「解」を語る人とは出会えなかった。

2　地方自治体の模索

太平洋に面する北海道東部の釧路(くしろ)市。人口約16万人、漁業が盛んな道東の拠点都市は、遠く離れた能登半島の地震に危機感を募らせていた。

2024年3月中旬、市中心部の道ばたには雪が積もり、日中でさえ気温は1桁台にとどまった。吐く息は白く、屋外に出れば手足が震えた。

こんな冬の夕方、津波避難場所がなく、早期避難率が低いという最悪の場合、日本海溝・千島海溝沿いを震源とする巨大地震による釧路市の犠牲者数は、人口の半数超の約8万4千人に及ぶと予想されている。

道内最多の犠牲者数を見込む市は2024年、津波発生時に住民約900人が避難できる「津波避難複合施設」（避難ビル）の整備に取りかかる。2024年度当初予算案に関連経費計約2億1590万円を計上し、2026年度中の完成を目指す。

だが、避難ビルだけでは命を守れない。

避難困難地域とされる大楽毛地区

建設予定地の大楽毛（おたのしけ）地区は、海抜5メートルほどの低い土地に住宅が並び、近くに高い建物は少ない。地区の一部は、大津波警報が発令されても、津波到達時間までに徒歩で安全な場所に避難できない「避難困難地域」。揺れの30分後、最大10メートル級の津波が押し寄せ、ほぼ全域が浸水するとされる。

自助、共助、公助、すべてが限界

地区内で最も海沿いにある「さつき町内会」が2023年に行ったアンケートでは、たとえ避難ビルができたとしても、避難の難しさは変わらないことが浮き彫りになった。

住民248人のうち130人が65歳以上で高齢化率は52％。大津波からの避難時、周囲と助け合えるかを尋ねると、6人が「自分も家族も体調不良。手助けが必要で協力してほしい」、40人が「声を掛け合い、助け合いながら避難できる」、29人は「家族と避難できるが、近隣の人までは無理」と答えた。

現状でさえ避難に課題を抱える中、今後さらなる高齢者の高齢化が進めば、避難に必要な「自助」の力が弱まっていくことは確実だ。

「能登半島地震はひとごとじゃない」

さつき町内会長の亀掛川正一さん（89）は、国内有数の高齢化地域を襲った2024年元日の能登半島地震を深刻に受け止めた。「先のことを考える余裕はない。いまできることをしなくてはならない」。どうしたら全員が無事に避難ビルにたどり着けるか。そのための備えに奔走している。

アンケートで明らかになったのは、支援を必要としている人を支えきれなくなりつつある現実だ。それでも「できることをするしかない」中で、情報を落とし込んだ地図を手に、近隣を一軒ずつ、頭を下げて回り、「協力してもらえないか」と助け合いを頼んでいる。

「公助にも限界がある。発災直後は公助がない前提で物事を考えてほしい」

こう話すのは、釧路市の蝦名(えびな)大也(ひろや)市長だ。

なぜ公助の限界を感じたのか。市長は教訓として、東日本大震災直後の対応を挙げる。

釧路市役所では当時、高齢者ら要支援者に電話をかけ、職員が避難支援に駆けつけた。対象者約80人のうち連絡がつかない人が多く、連絡がとれて支援を行ったのは約20人。避難に2時間かかった人もいた。

市職員が避難を支援するそれまでの計画について、蝦名市長は「いかに机上の空論だったか。公助がない前提で、発災直後を生き延びるための準備をお願いしたい」と率直に語る。

自助が弱まり、公助に頼れないとすれば、地域の力すなわち「共助」で乗り切る方法はあるのか。それもまた高齢者が高齢化し、現役世代が縮小する8がけ社会の下では、困難が伴う。

蝦名市長は「年齢層が固まると共助が機能しない。3、4世代と幅広い世代が必要だが、すぐにできる話ではない」と、共助を機能させるために打てる手の難しさを認める。防災の担い手も高齢化が進む。

「自助、共助、公助」いずれも限界を抱える中で、自治体が取りうる選択肢はあるのか。

北海道の地震対策にも関わる北海道大学の岡田成幸(しげゆき)・名誉教授のチームは2019年、千島海溝周辺の地震で津波が起きた場合の釧路市の被害シミュレーションを行った。

建物を耐震化して家具を固定したり、避難場所を増やしたりする事前の対策で、犠牲者を大幅に減らすことはできる。だが、高齢者の避難する力が衰える中で、犠牲者をゼロにはできなかった。

さらに、いまから20年以上先の２０４５年の市の人口と年齢構成を予測して計算すると、急いで逃げることが難しい高齢者が増え、さらに死亡率が上がる。

打開策はどこにあるのか。岡田名誉教授は「現状では確かに避難しかない」としつつ、「これだけ災害がある国であれば、避難せずに済む対策も考える必要がある」と語る。

避難しないで済むための事前の対策は簡単ではない。

東日本大震災の後、宮城県や岩手県などの被災自治体は、次の災害に備えて安全な場所に住まいを移す「防災集団移転」を進めた。今後30年以内に70〜80％の確率で発生するとされる南海トラフ地震による津波予想地域でも、住宅の予防的な移転が検討された。だが、新たな住宅や土地の購入費などへの国の補助が限定的で、住民の負担が大きいなどの理由から断念した自治体も少なくない。

集団移転も困難

逃げられないなら事前に集団移転するしかないのではないか——。釧路市職員に問うと「難しい」と言葉を詰まらせた。「災害対応を考えれば、コンパクトシティとしてきゅっと

能登半島地震からみえた
「8がけ社会」の震災の特徴

行政サービス

膨大な災害対応
▼
必要な行政サービス増
▼
限られた職員で対応、職員の多くが「過労死ライン」超え
▼
応援職員の派遣元も人手不足

地震前から作業員不足
▼
老朽インフラ対策の遅れ
▼
被災家屋の解体、生活道路の復旧に遅れ
▼
水道の通水にも影響

医療・介護

看護職員約15%が退職意向
▼
高齢者施設の介護職員も減
▼
体制維持に危機感

宿泊・飲食

再開が難しく求職者増
▼
業種と人手がミスマッチ状態に。解消できるか見通せず

まとまれることが理想だが、町の生い立ちも住民の気持ちも様々で、そううまくはいかない」

理屈の上では、事前の集団移転が命を守る選択肢だとしても、慣れ親しんだ土地から離れることへの反発や抵抗は避けられず、実現性は低い。余力のある若者や現役世代だけが移転すれば、支援が必要な高齢者だけが残り、避難の困難さを逆に高める懸念も否定できない。

しかし、そこで止まってしまえば、根本的な状況は変わらない。

「千年に一回のような災害の被害を想定している一方で、なぜ100年先の町づくりが考えられないのか」。そう語った

岡田名誉教授は、考え込んだ上で続けた。

「自分たちの世代でできなければ、次の世代に引き継いでもいい。安全で快適なところに暮らすという選択肢を、長期的な対策として考えておくべきだ」

高齢者はますます高齢化し、それを支える現役世代も先細っていく8がけ社会に向けて解決策はあるのだろうか。

蝦名市長は能登半島地震を振り返り、「備えの重要性を改めて痛切に感じた。（被害を拡大させた）耐震化の遅れ、道路の分断、高齢化率の高さ。東日本も熊本も能登も、その教訓を地域の中にオーバーラップさせて対策をしなくてはいけない」と語った。

そして、こうも漏らした。「でも、すぐに対応できる話ではないから難しい」

命を守る「備え」に決定打がない現実は、時が経つほど厳しい条件が重なっていく中でさらに厳しさを増す。被害を最小化するにはどうすべきか。各地で模索が続く。

＊

穏やかな有明海に面する熊本県北部の玉名（たまな）市。人口6万3千人のこの街で2016年春、市土木課の木下義昭さん（48）は、新たな職務を前に焦りを強めていた。

その2年前、国はすべての橋やトンネルを5年に1回、点検するように自治体に義務づけた。9人が死亡した中央道笹子(ささご)トンネル(山梨県大月(おおつき)市)の天井板崩落事故がきっかけだった。

木下さんが担当することになったのは、市内の橋のメンテナンス業務だった。

さっそく現状を確かめた。2016年3月時点で、市道の橋は823もあった。だが、点検済みは17。全体のわずか2%にとどまっていた。

それだけではない。橋の名前や位置、構造といった基本情報を記した台帳がない。架設当時の設計図も廃棄されている。どこに、どんな橋があるのかすら、よくわからなかった。

国が求める点検のタイムリミットまで残り3年。「このままでは絶対に間に合わない」

絶望して立ち止まるわけにもいかない。まずは点検が進まない理由について、過去の担当者に聞き取り調査した。

「橋の発注経験が無く、すべてがわからない」

「橋の構造や専門用語がまったくわからない」

「何がわからないのかすらわからない」

市道を整備、管理する市の担当職員が「わからないことすらわからない」とは、一体どういうことか。そこには構造的な問題があった。

財政力の大きい自治体を除けば、市町村が大きな橋を造ることはない。そのため、橋に関する知識やノウハウがたまる機会がない。一方で、市町村は、国や県が造り、管理を移管された橋も数多く抱える。

職員自らが修繕する「DIY」対応

多くの市町村では、一人の職員が様々な業務を兼務する。橋の管理に加えて、道路や河川、水道も一緒に担当し、小規模な自治体であれば、さらに下水道や公園の管理も兼務することがある。橋だけに従事できる時間は実際には限られている。

「でも、市町村とは、そもそもそういうものです。そこが知られていないとすれば、逆に衝撃です」(木下さん)

2014年度から始まった最初の点検期間で、すぐに措置が必要な橋は46に上った。あれから8年。2024年3月に終わった2回目の点検で、すぐに措置が必要な橋はゼロになった。点検で劣化損傷を早く見つけ、修繕して橋の寿命を延ばす。国が描いた保全のサイクルを、なぜ玉名市は達成できたのか。

木下さんが真っ先に取り組んだのは、周囲の理解と人員の確保だった。

点検・補修を先送りすれば、橋の管理コストは上がり、災害時のリスクも高まる。メンテナンスの重要性について理解を広げるため、大量の資料を作って課内、部内、他部局、企画部と説明した。市の上層部を含めてその必要性が伝わると、年度途中にもかかわらず、3人の増員が認められ5人体制になった。

人員が増えた分、現場に足を運べるようになった。まずは正確な橋の数、位置、幅、長さなどを記録。写真を撮って基礎資料を集めると、点検が軌道に乗り始めた。

全国の自治体では、点検で危険な橋が見つかっても、役所や建設業者の人手不足や財源不足で、修繕などの措置が追いつかない。

国の資料によると、すぐに措置が必要と判定されながら、4年以上経っても措置が終わっていない橋は、2022年度末時点で4割に上る。市区町村に限れば、ほぼ半数は修繕が追いつかない状況だ。

インフラの修繕が進まない全国共通の問題に対し、玉名市が出した答えは、職員自らが橋の修繕を行う自治体版「DIY」だった。

国が定める5年に1度の点検では、健全なら「Ⅰ」、予防保全の観点から措置が望ましければ「Ⅱ」、早期に措置が必要なら「Ⅲ」、緊急に措置が必要なら「Ⅳ」の四つのステージで評価される。

不慣れな作業で対応を誤れば、かえって橋を損傷させてしまう恐れがある。構造上の重要な部分はあえて手をつけず、ステージがⅠとⅡの橋に絞って市職員が自ら修繕を手がけた。

市道の橋の約9割はコンクリート製で、内部に水がしみこむと劣化する。誰でもできる排水装置の清掃や難しくない漏水補修から始め、できることを広げていった。

繰り返し現場に足を運ぶと、橋の個性が見えてくる。使われ方や傷み方に対し、どんな修繕が最適か。二つの橋があり、どちらの修繕を優先するか。片方は鉄筋が露出し、損傷は激しいように見える。だが、雨の日にもう片方の橋を見ると、漏水で内部に水がしみこんでいて、乾かない状態が続いていた。

木下さんが示した答えは「急ぐのは後者です。水で鉄筋はすぐにさびる。毎日現場に見に行くから、こういうことがわかってくる」。

補修を職員自らが手がけることで、老朽インフラを見る目が養えた。「目的はあくまでも人材育成でした」。次第に技術と知識が職員の身につき、地元の建設業者に適切な施工指導ができるようになった。

最終的にステージⅢの橋の修繕も、職員が建築業者を指導することで効率性を追求できるようになり、工事コストを抑えられた。この8年で経費削減の効果はすでに20億円を超えた。

築50年超えの橋が19万以上

日本全国で道路にかかる橋は約73万ある。主に高度成長期に整備が進み、このうち約19万は建設から50年以上経った。全体の3割弱にあたる約21万は建設年すらわかっていない。そうした橋の7割近くは、玉名市のような政令指定市以外の市区町村が管理している。いまでさえインフラの点検・補修は遅れているのに、2040年には現役世代はいまの8割に減る。75歳以上の人口の比率はさらに高まり、社会で必要とされる仕事は増えていく。

こうした8がけ社会では、いま以上に自治体の財政難や人手不足が深刻になる。技術の継承も難しくなる。その間もインフラは年をとる。2040年までに築50年以上の橋が4分の3を占めるようになるが、多くの自治体は架け替える余力を持たない。

工学博士でもある木下さんは言う。

「インフラの老朽化の最前線は市町村なんです。現場で生じているのは撤退戦。いかに被害を少なくし、リソースを残して次の戦いに挑むか。本当に『しんがり』をやっているイメージを強く持っています」

鋼やコンクリートでできた橋は「永久橋」と呼ばれた。だが、実際には老朽化は確実に進む。ひとたび大災害に見舞われると、その脆弱(ぜいじゃく)性が露見し、時に地域社会を再建不能にするほどのダメージを与えかねない。

「老朽化するインフラ管理を任されている市町村は、多くの技術職員がいるNEXCO（高速道路株式会社）とは、そもそも論で違う。そこが理解されず『なぜ市町村ではできないんだ』と言われている。日本という国は先進国でも、地方はもう後進国です。その中でどのようにやっていくか。それを考えないといけません」

異例の対応で臨む玉名市の取り組みには、失敗やリスクが伴う。それでも木下さんは「いまはチャレンジングの段階。僕らが毎日やっていることが、20年後の人たちの役に立つかもしれない。それをやりがいにするしかない」

3　過疎集落はどうなる

能登半島を震度7の地震が襲った1週間後、元新潟県知事で立憲民主党衆院議員の米山隆一氏がX（旧ツイッター）に投じたメッセージが、大きな波紋を広げた。

「人口が減り、地震前から維持が困難になっていた集落では、復興ではなく移住を選択する事をきちんと組織的に行うべきだ。日本の人口動態ですべてを旧に復することはできない」

「復興より移住を」は暴論か

投稿は瞬く間に8千件近く「リポスト」され、閲覧数1千万を超えた。米山氏は続く投稿で、その意図を説明した。

「人の少ない集落での暮らしは、高齢者には厳しい。買い物や病院、介護も人口が集積している方がはるかに楽。本人たちの生活も楽になり、行政コストも減る」

投稿への反応を追うと、「故郷を捨てろ、でいいのか」「常軌を逸した非常識さで傲慢」との批判や反発の声があった。一方で「過疎地に実家のある身としてはとてもわかる」「言い難いことをよく言った」と評価する声も相次いだ。明治大学教授の飯田泰之氏も「旧集落のコミュニティを保ち、文化と祭祀を保ち、移転先に存続することに希望を託すことは（中略）状況を放置してそのすべてを失うよりも（中略）希望ある選択と感じます」と、投稿を前向きに引用した。

SNS分析ツール「ブランドウォッチコンシューマーリサーチ」を使って投稿の反響を分析すると、投稿に肯定的な反応は6割に及び、否定的な反応は1割にとどまった。

2024年1月下旬、東京・永田町の衆院議員会館を訪ねると、米山氏は自らの選挙区に含まれる旧山古志村（新潟県長岡市）の例を挙げて「復興とは何かを考えさせられる事例だ」と語った。旧山古志村は、2004年10月の新潟県中越地震で最も大きな被害を受けた。村をつなぐ道路は寸断され、多くの住宅が全壊や半壊となり、村に住む690世帯2167人が全村避難した。震災直後に村が住民アンケートをとると、約9割が「帰村」を希望したことなどから、多額の費用を投じて再建した。地震から3年後に希望者は村に戻ることができた。

だが、人口は震災当時の約２１００人から、いまでは約７５０人に。若い世代ほど移住を選び、加速した村の高齢化率は5割を超えた。米山氏は「1千億円を使ってインフラを元に戻したと言われている。だが、道路と橋を復旧しても人がいなくなれば集落は消える。場合によっては負動産ならぬ負インフラが残るだけだ」と指摘する。

２０１６年から1年半、新潟県知事を務めた米山氏は、当時から県内のインフラは老朽化が進み、その維持管理は「危機的だった」という。人は減り、予算が尽きかける中でインフラ危機と向き合うには、将来の人口推計に基づいた街へと作り直さなければいけない。そんな思いを投稿に込めた、と明かした。

限りある財源や行政の効率性を考えれば、人口減が避けられない地域を元に戻す復旧・復興だけが、必ずしも正しい選択とは言えないだろう。とりわけ、社会の担い手である現役世代が2割減る「8がけ社会」に向かう中では、限られた資源をどこに振り向けるかが今まで以上に厳しく問われる。だが、被災した住民にすれば、住み慣れた日常が奪われることを意味する。動きたくても動けない高齢者ら住民もいる中で「復興より移住」を迫ることは、弱者の切り捨てにもなりかねない。復興を遂げたが人口は激減した旧山古志村の住民は、この20年間の歩みをどう考えているのか。能登半島のあるべき復興を考えるため、村を訪ねた。

ここでしか生きていけない人だっているんだよ

2024年3月中旬、上越新幹線の長岡駅を降り、山間部に向けてレンタカーを30分走らせると、一面に雪景色が広がった。村中心部に向かう道路や橋はまだ新しく、至る所で雪崩を防ぐ壁が施されている。だが、行き交う車は少ない。

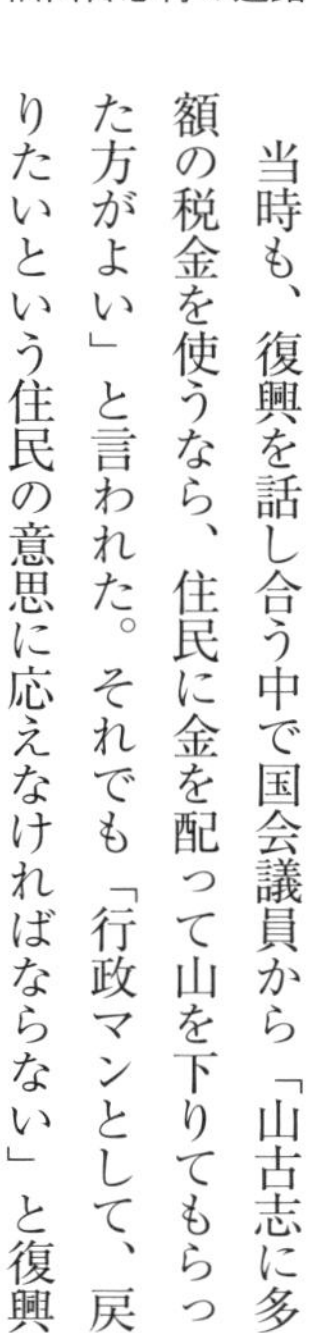
旧山古志村の道路

2004年の新潟県中越地震当時、旧山古志村の企画課長として復興の最前線にいた青木勝さん（74）は山古志一帯を見渡せる高台に立ち、「復興より移住を」との米山氏の投稿に吐き捨てるように言った。「馬鹿な議論だね。住民の生きる尊厳を馬鹿にされた気分だ」

当時も、復興を話し合う中で国会議員から「山古志に多額の税金を使うなら、住民に金を配って山を下りてもらった方がよい」と言われた。それでも「行政マンとして、戻りたいという住民の意思に応えなければならない」と復興にこだわった。「移住」の選択肢はなかった。

一定の復興を遂げると、震災直後に全村避難した住民のうち7割が山古志に戻った。住み慣れた土地への帰属意識だけではなく、生きていくための経済的な事情を抱える人も多かった。限られた年金と貯蓄を元手に生計を立てる高齢者は、山古志であれば米作りやコイの養殖を生計の足しにできた。「人が集まった地域の方が高齢者も生活は楽」と米山氏は言うが、山を下りて田んぼや池がない生活をすれば、そうした高齢者は途端に立ちゆかなくなる。「山古志でしか生きていけない人だっているんだよ」。青木さんは語気を強めた。

地震から3年後、山古志に戻った住民を中心に伝統行事の闘牛や特産のニシキゴイなどで観光客の誘致を図った。いまではNFT（非代替性トークン）アートを購入した人に「村民」資格が与えられる「デジタル村民」との交流など、地域おこしの活動も続く。それでも、人口は加速度的に減っていき、東京ドーム850個分の旧村域で暮らすのは震災前の3分の1ほどに。子どもは2〜3年に一人が生まれる程度で、唯一の保育園は休園した。

過疎の厳しい現実にさらされる山古志だが、青木さんは「復興したおかげで、住民は自分らしい生き方ができている」と語る。人口減に向かう社会での復興のあり方について、「完全に元には戻せなくとも、地方を切り捨てる『移転論』には絶対反対だ」。

「知恵を絞るのが政治の役割」

一方、若い世代は「復興か移住か」の問い掛けに複雑な思いを交錯させる。山古志で生まれ育ち、和太鼓奏者として活動する坂牧颯人（さかまきはやと）さん（26）は、人口減が見込まれる集落では「復興より移住すべき」との米山氏の投げかけについて「間違ってはいないとも思う」と語る。小学生からの同級生11人のほとんどは山古志を離れた。協力して除雪するグループのメンバーはほとんどが70歳以上で「10年もすれば除雪が難しくなる」。

先々を考えれば、山を下りた方が合理的だと頭ではわかる。それでも自分は「死ぬまで山を下りるつもりはない」と断言する。厳しくても支え合って生きる山古志とともにありたいとの思いが勝っているからだ。効率論では割り切れない思いがいまも胸に迫る。

「『復興』か『移住』の二択を迫るのではなく、知恵を絞るのが政治の役割ではないか」。3人の子どもを育てる樺沢裕美さん（40）は、地域に残りたいと願う住民のために政治はあるはずだと思う。「安易な移住論は、地域で暮らす人たちの感情を無視した議論だ」と反発するが、将来を思うと「復興より移住を」の考えを否定できない。「村に残った自分たちの生活のために道路一本を整備してもらうことを考えれば、申し訳ない気持ちになる」と吐露する。

新潟県中越地震から4年後、日本の人口は2008年をピークに減少に転じた。そこから、さらに高齢化は進み、社会を担う現役世代が減っていく8がけ社会へと向かう。地方のみならず都市部でも人手不足が顕著になり、インフラの維持すら難しくなる未来を前に、旧山古志村の復興に関わった元村議の男性（68）は「将来の日本のために言わなければいけない」と言い、こう続けた。「過疎地域を復興させても、未来ある地域作りは難しい」

復興後に帰村した当時、新たな山古志の門出に希望があふれた。地域おこし活動にも積極的に関わってきたが、若者や子どもがいなくなり、地域の活気は失われていった。「地域にとって、若者や子どもは明日そのものだ。彼らのいない明日に希望はない」。集落もまもなく立ちゆかなくなる現実を前に思う。「もし震災当時に戻れるなら、集落のみんなに『集団で』という条件付きで『移転も選択肢だ』と言うと思う。過疎の復興は感情だけで動くべきではない」

長岡市山古志支所長の五十嵐豊さん（58）は、たとえ「移転」を選ぶにしても、移転先での生活の保障や、移転を望まない住民が最低限の生活をできるだけの「復旧」は欠かせないと考える。何より震災時に「復興より移転を」との声が広がる社会に釘を刺す。「急に『移転を』と言われても被災地は対応できない。縮小していく日本社会で被災地の復興はどうあるべきか。平時から議論すべきだ」

「これからのまちづくりに還暦以上は口を出さない」

過去の災害復興から学び、能登半島の故郷に還元しようとする若者もいる。2024年の元日に震度6強の揺れが襲い、100人以上が犠牲となった石川県珠洲市。地震から1カ月半が経ったある日、市内の神社に老若男女の50人が集まった。

「これからの珠洲の話してみんけ?」

こう呼びかけたのは、珠洲市出身の大学生安宅佑亮さん(23)だ。元日は中国・上海に留学中だったが、地元の惨事に4日後に帰国した。発災前の市の高齢化率は50%超。そこに襲った地震で住宅の約6割が全半壊となった。市外への避難で人口流出はさらに加速していくとみられていた。とりわけ復興の担い手である現役世代の減少が避けられない中で、まちの未来をどう描けばいいのか、誰もが途方にくれていた。

安宅さんは、被災地に残って避難所の運営や銭湯の復旧を手伝ううちに、県外からボランティアに来ていたNPO職員から、若い住民が主体となって震災復興を成し遂げた町が東北にあると聞いた。強く引きつけられたのは、その町の合言葉だった。「これからのまちづくりに還暦以上は口を出さない」。珠洲の復興に向けたヒントを探りに、東北のその町に向かった。

2011年3月の東日本大震災の地震と津波で人口の約1割が犠牲になった宮城県女川町。震災から13年を経て、町の顔つきが一変した。女川湾が一望できる町中心部には駅や温泉、役場、商業施設などが集まる。一帯は洗練されたデザインと海の開放感が同時に感じられる空間が魅力だ。

まちづくりには、将来を見据えた設計が施されている。町のシンボル的な存在の商業施設「シーパルピア女川」一帯は木造建築で統一され、遊歩道はれんが造り。「その時代のニーズに合わせて、新しいものに建て替えやすいように」。施設を運営する女川みらい創造の阿部喜英社長(55)は狙いを語る。商店街のシャッター街化は、町の活気を失わせる。そうさせないために、店舗兼住宅が多いことが空き店舗化につながった震災前の教訓を踏まえ、店舗は地元企業と町の共同出資でテナント型に変え、事業者の新陳代謝を起きやすくした。

持続可能なまちづくりの提言を行ったのは、商工会や水産関係の団体などで作る「女川町復興連絡協議会」（ＦＲＫ）の30～40代のメンバーだった。震災前の女川町は他の地域と同様、各産業界の長老がまちを主導し、若い世代はその指示で動く立場だった。それが若者主体の復興へと転じたきっかけとなった「言葉」がいまも語り継がれている。

震災から１カ月後、ＦＲＫの設立総会で当時の商工会会長の高橋正典さん（73）が言った。「還暦以上は口を出さず、10年後20年後の責任世代に復興やまちづくりを託す」

それまで町を引っ張ってきた高橋さんは、震災で変わり果てた地域を前にこう思った。「今後10年、20年かかる復興は、女川で生き続ける若者に託すべきだ」。長老たちは次の世代のために「道」を空け、若者を後押しする方針に賛同した。

「若いお前が町のトップをやるべきだ」。そんな声を受けて、ＦＲＫの一員で県議だった当時39歳の須田善明（すだよしあき）さん（51）が、震災から８カ月後の町長選に立候補。当時66歳だった現職の町長は選挙に立候補しないことで自ら身を引き、須田さんが町長に就いた。

町には、震災前から人口減少が進み、深刻さを増していく予測はあった。震災はその流れを一挙に加速させた。それならば、人口が減っても持続可能な町にしよう。商業施設や公共施設、病院などを集約化し、人口が少ないながらも、町内外から人が集まるまちづくりを意識した。

「町民ファーストではなく、町ファーストで進める。それが結果的に町民のためになる」。町の未来を見据えて語る須田氏自身の住民説明会は200回を超えた。商業施設が並ぶ町中心部の復興の考え方にはFRKのアイデアが生かされた。議会にもFRKメンバーが説明に回り、理解を広げた。「行政、議会、産業界、住民の四輪駆動で動き出した」。当時、商工会職員だった青山貴博・町公民連携室室長(51)は、町づくりが軌道に乗った要因は4者の連携だったと振り返る。

選択肢を持つことが大事

現在、女川町の人口は震災前の約1万人から5900人へと大きく減った。それでも活気を維持できているのは、町外の若者が集まり、起業していることが大きい。起業を支援するNPOを町が全面的にバックアップし、若者が続々と集っているという。

8がけ社会のもとでの復興で一番大切なことは何か。女川のまちづくりに関わる人たちは口をそろえた。「あなたはどんなまちにしたいのか。一人ひとりが考えること」。街を元通りに戻すことが「復興」ではない。元々あった街の課題と向き合い、それを解決することに復興の主眼を置くべきで、女川にとっては、それが人口減だった。

将来の逆境を見越して主要機能を集約し、外からの力を活気に変えた女川はいまや「復興のトップランナー」と言われる。将来の主役世代が当事者となって未来図を描き、その実現に力を合わせてきた13年間の歩みからは8がけ社会における復興のヒントが見える。

女川で復興に携わった先達に話を聞いて回った安宅さんは、珠洲に戻るとさっそくFRKのような組織作りに着手した。避難所や地元企業を回り、市民がまちづくりを主体的に話し合う集会を始めようと訴えた。

冷たい反応もあった。「大事なのはわかる。でももう少し待ってくれ」「こっちはこっちでやる。そっちも勝手にやってくれ」。県外に出た若者に何ができる、と言われている気がして心が折れかけた。それでも、2024年2月18日に集会を開くことにこぎ着けると、オンラインを含めて50人の市民が集まった。FRKメンバーでNPO代表の小松洋介さん(41)も宮城からオンラインで参加し、「若者の意欲と、それを支える還暦以上の先輩たちが、いい形で手を組むことが一番大事だ」と呼びかけた。

2度の集会を開き、安宅さんは2024年4月、留学先の上海に戻った。同級生のほとんども地震前から大学進学などで珠洲を離れている。女川のように若者を中心にまちづくりを進める理想の実現は難しい。だが、3カ月間地元を奔走する中で手応えも感じた。

「復興を諦めたり、行政に任せてしまったりするのは楽。それでも、災害をきっかけに『自分たちでまちの未来を考える』選択肢を持つことが大事で、その一歩は踏み出せたと思う」

4　災害と人口移動――データから読み解く

大規模災害は地域の状況を一変させ、住民の流出によって急激な人口減少を引き起こす。能登半島地震の被災地もこの問題に直面している。ただ、必ずしもすべての被災地で、人口減が加速するわけではない。東日本大震災などの被災地で、被災前に作られた将来推計人口と実際の人口を比べると、地域ごとの違いが見えてくる。

朝日新聞は今回、市町村ごとの将来推計人口を定期的に公表している国立社会保障・人口問題研究所（社人研）のデータと、国勢調査による実際の人口を比較した。

対象としたのは、社人研が2000年の国勢調査に基づき、2003年に公表した2020年の将来推計人口だ。ここには「平成の大合併」で消滅した旧市町村の将来推計人口も示されている。

データから読み取れる「都市部への人口移動」

2003年から2020年の人口を推計すれば、全国的な少子高齢化や過疎化の進展で、多くの市町村で人口は減少に向かう。そうした前提に立つ2020年の将来推計人口と、国勢調査による旧市町村ごとの2020年の実際の人口を比べた。

まず、東日本大震災の東京電力福島第一原発事故により長期間の避難を余儀なくされた福島県の大熊町や浪江町、富岡町では、推計人口の1割程度となり、人口は想定から9割も減っていた。

東日本大震災で津波被害を受けた宮城県の沿岸地域も、推計人口からの落ち込みが目立った。現石巻市の旧雄勝(おがつ)町は推計人口の3割、旧牡鹿(おしか)町は6割、旧北上町は7割程度だった。旧雄勝町に隣接する女川町は推計人口の8割程度だった。

一方で、同じ沿岸部でも、東北最大都市の仙台市や塩竈(しおがま)市は推計人口とほぼ同じで、合併前の旧石巻市地域も1割減にとどまった。

岩手県では、津波被害が大きかった現宮古市の旧田老(たろう)町、大槌(おおつち)町は推計人口の8割。陸前高田市は9割で、予測された人口減以上に人は減った。

だが、同じく津波で被災した合併前の旧宮古市地域や釜石市は、推計人口と変わらなかった。ほかの沿岸部から人が移り、結果的に被災による人口減に歯止めがかかったとみられる。

10年近く復興行政に携わった元復興庁事務次官の岡本全勝（まさかつ）さんは元々の地域からの人口流出が加速した結果、「仙台市への一極集中、あるいは釜石市などへの小集中が進んだ」と指摘する。

過疎化が進んだ地域では、一般的に賃貸住宅が少ない。災害で自宅に住めなくなれば、地元に残りづらくなる。被災で仕事を失ったり、買い物や通院、通学に支障をきたしたりすれば、利便性の高い都市部への引っ越しを決める人もいる。

こうした背景から、災害は都市部への人口移動を加速させると言われ、今回のデータでも、そんな傾向が読み取れた。

能登半島地震で甚大な被害が出た石川県珠洲市は、２０２０年の推計人口と実際の人口が変わらなかった。合併前の旧輪島市地域は、推計人口を１割上回っていた。２００３年から２０２０年までの間、予測を超える減少は起きていなかった。もっとも珠洲市や輪島市がある能登半島北部は、本州で最も高齢化が進んだ地域の一つで、人口の減り方が元々激しかった。

いまは将来の分岐点にある

災害の有無に関係なく人口が減っていく現状の中、各地で被災地の「復興」を見てきた防災学が専門の牧紀男（まきのりお）・京都大学教授は指摘する。

「『復興』という言葉は、前のように戻るという幻想を抱かせるが、現実を見ると、おそらくそうはならない。能登半島北部でも、元々空き家だったところが空き地になり、ポッツポッツと家が残る。そんな景色になりかねない」

災害は、元々の傾向だった人口減を必ずしも加速させるわけではないが、地域間の移動を活発化させる。石川県によると、能登半島地震で被害が大きかった6市町の少なくとも1万3千人が、2024年4月15日時点で6市町以外の地域で過ごしている。

住民は今後、戻ってこられるのか。それとも人口移動が加速した結果、地域の人口減は予想を超えて進むのか。復興のあり方は、そうした人口移動の結果によって変わっていく。能登半島地震の発生から数カ月を経たいまは、まさに将来の分岐点にある。

5 防災と復興──識者はこう考える

社会を支える現役世代がさらに減り、支えを必要とする高齢者は増えていく。そんな構造変化は、日本の防災力にも大きく影響する。2024年1月の能登半島地震でみえた課題を踏まえ、縮小する日本社会で大規模災害にどう備えればよいのか。都市防災を専門とする東京大学の廣井悠(ひろいゆう)教授に聞いた。

廣井悠・東京大学教授

一番重要なのは自助

──能登半島地震で被害が大きかった奥能登は、高齢化率が50%程度で、本州で最も高齢化率が高い地域の一つでした。ほかの地域でもこれから高齢者はさらに高齢化し、支え手となる現役世代も減っていきます。防災面でどのような影響が考え

られますか。

災害時に身を守ったり、生活を再建したりしていくのに必要な「自助、共助、公助」の中で、一番重要なものが自助でしょう。しかしこれから、高齢化がますます加速し、自分で自分の命を守れない可能性のある人も増えてきます。自助だけではもたない、という地域もどんどん増えてくるかもしれません。

一方で、共助はどうでしょうか。助ける側を期待される若い人は、少子化で減っていきます。高齢化と合わせると、「助ける・助けられる」の比率は激変すると言ってよいでしょう。地域社会の密な関係もだんだん薄くなってきています。公助についても、財政難の自治体が多くなっていく状況では、事前の防災投資、インフラ整備が十分にできない地域がでてくる可能性があります。

――自助、共助、公助のいずれも弱っていくことは避けられない、と。

地震や津波に伴って降りかかってくる「問題」をピンポン球に見立てて、それを「自助」「共助」「公助」という三つのお皿で受け止めることをイメージしてください。三つの「助」が弱まるということは、被害を受け止めるお皿が小さくなるということです。つまり、受け止めきれない問題がたくさん発生してしまうことになる。戦後以降、日本では都市の安全性を年々高めてきました。しかし、今後は、安全性がどんどん低下していく、という未来が待ち受けているかもしれません。

――背景にはどのような経緯があるのでしょうか。

日本はこれまで、開発圧力を前提として防災力を高めてきました。大地震があれば、建築基準法などの法令を変え、新基準に合った建物が建てられることで、都市の安全性を間接的に上げてきたわけです。しかし、いまは低成長時代で、建築物の新規着工数は減っています。建物の更新が滞ると、劣化するばかりで防災力は高まりません。経済成長を前提とした防災力の向上という、成長時代の方程式が万能なものではなくなっていきます。

少子高齢化、自治体財政のひっぱく、低成長時代。現代のこの三つの特徴は、社会の脆弱性を高め、災害への対応力を小さくしていくのではないかと危惧しています。

――今後、災害の被害は大きくなっていくのでしょうか。

昭和の時代を振り返ってみると、毎年のように風水害が起きて、何千もの人が亡くなっていました。そこから、(インフラなどの)ハードの整備を進め、千人規模の災害はかなり減りました。公助を中心として、三つのお皿を大きくしていったわけです。では、社会は本当に安全になったのか。確かに、お皿を大きくすることで、中規模な被害をなくすことはできたかもしれません。しかし、お皿の大きさを超える巨大災害が起きれば、甚大な被害が起きることは自明です。

誰かが優先順位の整理を

——多くの人が心配しているのが、首都直下型地震など大規模な災害です。

だから、阪神淡路大震災や東日本大震災をどう解釈するかは重要です。これらを「想定外」で形容される特殊ケースと解釈してはいけないかもしれない。そこからわかることは、私たちの社会が持つ対応力の閾値（いきち）（限界値）を超えてしまうと、災害の進展は止められないということです。その最たるものが、今後起こりうるとされる南海トラフ巨大地震です。いつ起きるかはわかりません。まだ20年、30年という時間があるという研究者もいます。破局的な災害に対し、何をすればいいか。長期戦で考える必要があります。

——どうすればいいのでしょうか。

災害の被害は、地震などの自然現象の力（ハザード）の大きさ、被害を受ける都市の位置や人口・建物の密度（曝露量（ばくろりょう））、建物の耐震性や防潮堤の性能といった都市の脆弱性、そして社会の対応力によって決まります。

――少子高齢化、自治体財政のひっぱく、低成長時代といった現代の特徴を踏まえれば、できることには限界がありそうです。

インフラにお金がかけづらくなり、社会の対応力が落ちていく恐れがある以上、人や建物が津波や土砂崩れに襲われる曝露量を減らすことが、非常に重要です。つまり、危険な場所で暮らす人が減れば、「問題」のピンポン球が少なくなるわけです。それをどこまで無理なく進めるかがポイントです。

――災害の危険がある場所から移転すべきだということでしょうか。

ただ、災害のことだけを考えて、住まいを決めるべきだとは思いません。我々は、防災だけを目的として生活しているわけではないからです。例えば、水害なら高い建物にするなど対応方法はあります。地域とハザードの特性次第です。一方で、危険な場所から退く際は、移行する間の過渡期も重要です。資産のある人や若い人が退いて、高齢の人ばかりが取り残されてしまうと、かえって地域の安全性が下がってしまいます。

――災害によって降りかかる問題＝ピンポン球を減らすことは大切だと思いますが、どちらかと言えば、いまはピンポン球が増える方向に進んでいる気がします。

それは、防災に関する議論が進んだおかげかもしれません。今まで無視されてきたニーズが可視化されることで、災害時の様々な課題が見えてきました。生活の再建、ペットの避難、心のケアなど、昭和の時代にはあまり気にされていなかったことで、新たに考えなければならないことはたくさんあります。でも、社会の対応力には限界があります。行政だけでは、課題を受け止めきれなくなってきます。これは難しい問題ですが、どこかで誰かが優先順位を整理しておかなくてはいけないと思います。

「余裕」を意図的に準備しておくことも大事

——日本は大都市に人口が集中し、地方都市ではスポンジ状に空き家が増えています。能登半島地震では、住民のいない空き家の倒壊が復旧の遅れにつながっている面もあります。防災面で対策はありますか。

これも難しい問題です。ただ、人が減って街が歯抜け状態になる現象をうまく使う発想も重要です。例えば、空き家は賃貸の事業者にとっては無駄かもしれません。でも、災害で建物が壊れたときには、被害を免れた空き家に入ることができます。一つの機能だけでは「無駄」と解釈されてしまうものでも、他の機能と組み合わせることで、都市空間の「余裕」とみることもできる。公園なんて、まさにそうです。憩いの機能だけでなく、いざという時に逃げ込める防災機能も備えた空間ですよね。

――様々な制約や限界がある中で、どう優先順位を付けて備えるかが大切になるのでしょうか。

今回の能登半島地震の状況を見ると、被害を抑え、復旧を進める上で、道路などのハード整備の重要性を改めて感じました。ただ、どれだけ整備できるかは、この国の体力の問題でもあります。最終的には一人ひとりの災害リスクへの意識、そして、経済性以外の機能をどれほど評価できるか。このあたりが、この国の安全性を決めていくのだと思います。災害リスクを過小評価せず、「余裕」を意図的に準備しておくことも大事です。

ひろい・ゆう　1978年東京都生まれ。東京大学教授。名古屋大学准教授などを経て現職。専門は都市防災、都市計画。内閣府の首都直下地震帰宅困難者等対策検討委員会座長。著書に『知られざる地下街』など。

＊

2024年1月の能登半島地震の被害が大きかった奥能登2市2町は、地震前（2020年）に暮らしていた65歳以上の割合が48・9％と5割に迫り、15〜64歳の人数を上回っていた。高齢化がさらに進み、社会を支える現役世代が減っていく「8がけ社会」のもとで、災害からの復興をどう考えるべきか。東日本大震災の被災地に長年携わり、「ミスター復興」と呼ばれた岡本全勝・元復興庁事務次官に聞いた。

――能登半島地震から3カ月が過ぎ、被災地では復興のあり方についての議論が始まっています。

被災者に要望を聞いたら「元通りにしてほしい」という声が出るでしょう。その思いに政治家や役人が「できません」とは、なかなか言えません。東日本大震災がそうでした。行政が率先して「現状復旧」、さらには「以前より大きな街をつくる」と掲げた自治体もあります。それが13年経ったいま、災害公営住宅は建てたけど住民が年々減ってしまった集落や、大規模な土地整備をしたのに空き地が目立つ地域など課題が出ています。

――住民が思い描いていた復興にならなかったのは、なぜでしょうか。

東日本大震災が、人口減少下の地方で起きた災害だからです。戦後の災害復興は１９５９年の伊勢湾台風から始まり、「被災地を元通りにする」ことが哲学としてありました。当時は人口が増えていたので、集落の維持も可能でした。その後、日本の人口は２００８年をピークに減少に転じ、地方では過疎、少子高齢化が進みました。災害が起きたら、都市部に移る人も出て、人口の流出は加速します。集落を元に戻しても、震災前の光景は戻らないのです。そう気づかされたのが、東日本大震災でした。

だからこそ、復興を議論する際には「東日本大震災の被災地を見に行って」と伝えたいです。一口に復興と言っても、区画整理による土地のかさ上げや、別の場所への集団移転などさまざま。地域によって規模やかかった時間も異なります。岩手、宮城、福島各県の約４００カ所で復興事業が行われました。うまくいった地区と、そうでなかった地区の４００通りの「結果」があるので、自分たちのまちの復興に向けて、参考にしてほしいです。

岡本全勝・元復興庁事務次官

中心集落や市街地への移転、集約化を考えざるを得ない

——少ない現役世代で社会を支えているのは能登半島も同じです。東日本大震災の経験から、今後の復興のポイントとなるのは何でしょうか。

地域を維持するためには、働く場所があるのかと、後継者となる若者がいるのかが重要になります。その観点から「市街地」「中心集落」「周辺集落」の三つに分けて考えることがわかりやすいでしょう。能登半島で言うと、市街地は輪島市や珠洲市などの各自治体の中心部。会社が集積し、商店や飲食店などが集まる商圏ができ、周辺からも集客ができる。しっかりと支援すれば復旧するでしょう。

市街地と周辺集落の結節点となる中心集落は、学校や商店、病院などがあるかどうかが目安になります。生活する上で利便性がよいと、子育て世代が暮らしやすくなる。勤め先が離れていたとしても、通勤できるなら問題ありません。判断が難しいのが中心集落から外れ、市街地からも遠い周辺集落です。その中でも、10軒ぐらいの小規模で、子どもや孫が戻ってくる予定がないところは、現状復旧しても暮らすのはいまの住民が最後かもしれない。ここは申し訳ないけれども、中心集落や市街地への移転、集約化を考えざるを得ない。集約化は東日本大震災でも成功例があります。

――どのような事例でしょうか。

海岸沿いの6集落がすべて津波にのまれた宮城県岩沼市の玉浦西地区です。ここでは、集落を元に戻すのではなく、6集落の約千人が一緒に約3キロ内陸に移りました。移転から9年が経ちますが、共同体は維持されています。

――移転がうまくいったポイントはどこにあったのでしょうか。

この地区では、初めから住民主導で復興を進めました。私は当時の市長に「リーダーシップを取らないと進みませんよ」と言ったことがあります。それに対し、市長は「これは住民の議論を待つのが一番なんです」ときっぱり答えていたのが印象的でした。漁業者がいなかったこともあり内陸への抵抗感は低く、集団移転の意思が集落間で固まりました。岩沼市が近くの仙台市へ通いやすい移転先を用意しました。住み慣れた故郷を離れることには葛藤もあったでしょうが、住民だけではなく有識者も交えて議論を重ねたことで、納得感のある方針のもとで移転が進みました。

――市街地や中心集落へ移転する場合、注意することはありますか。

高齢者が市街地などに移る際に近所との関係が切れてしまうと、閉じこもりがちになり、生活不活発病にもつながります。そうならないように、過疎化や高齢化が進む地域での移転では、ご近所づきあいを継続させるなどの工夫は大事です。ただ、そうした方針で臨んでも「移るのは嫌だ」という人に無理強いすることはできません。どこに住むかは個人の自由です。そういった人たちにも、道路や水道、電気、ガスなど最低限のインフラは整備しようとすることが、行政には求められます。

――居住の自由は個人の権利として最大限認められるべきだと思いますが、財源や人手などが今後ますます厳しくなっていく国や自治体に、どこまで対応できるでしょうか。

個人が「移らない」という選択をしても、集落として考えたときに持続性が乏しいのは東日本大震災の事例が示しています。そして、今後は社会を支える働き手が減り、生活に欠かせないサービスの維持がますます困難になります。答えは簡単には見つからないと思いますが、能登半島の人たちには、ぜひ東北の現在地を見てもらい、新しいまちをどうするか考えてもらいたいです。

おかもと・まさかつ　１９５５年生まれ。１９７８年、旧自治省入省。東日本大震災直後から被災者支援と復興政策に携わり、２０１５年に復興庁事務次官、２０１６～20年福島復興再生総局事務局長。２０２１年から市町村職員中央研修所学長。

おわりに

人口減と超少子高齢化、そして働き手不足。この壮大な社会問題の本質をどうつかみ、どう取材し、どう伝えていくか。多岐にわたる問題をどう報じていけばいいのか。取材班は連日議論しました。これまで数十年間、誰もが問題だと認識し、政治家、官僚、専門家が頭をひねっても解決できていない問題に挑んで、いきなり解が見つかるはずもありません。待ち受ける２０４０年の危機にアラートを鳴らし、解を探し求める過程も含めて記事にしていこうと考えスタートしました。

解決策を模索していく中で、取材班の議論でたびたび問題意識として挙がったことがありました。それは、世の中に高齢者をお荷物扱いする空気が漂っていないか、世代間で損得を考える空気が漂っていないかというものです。

２０２２年に公開された映画『ＰＬＡＮ75』は、高齢化社会の対応策として国が75歳以上の高齢者が自ら死を選べる制度を施行したという日本の「未来」を描き、世間をざわつかせました。いまもSNSには賛否が渦巻き、「こういう制度があれば」という書き込みもあります。

「8がけ社会」の連載では、誰かを切り捨てたり、どこかに負担を押しつけたりして問題解決をすべきではないというスタンスをしっかり示したいと考えました。

取り上げたのは、福岡県の山あいにある「うきはの宝」株式会社。社員約20人の大半が75歳以上の女性・通称「ばあちゃん」です。スイーツや調味料など手作りの商品を次々と開発し、オンラインでの売れ行きも上々です。

創業者は40代。若いころに入院生活を送り、うるさいほどおせっかいなばあちゃんたちのエネルギーに圧倒されたそうです。社会でどこかお荷物のように言われる高齢者のエネルギーを知り「あのエネルギーをビジネスにつなげたい」と会社を立ち上げました。創業者は「高齢者を、現役世代が背負わなければならない重荷という発想はまったく違う。高齢者は支えられる側ではなく、一緒にこの危機を乗り越える仲間なんです」と言いました。

誰かのせいにしたり誰かの犠牲の上に成り立ったりする社会は、いつか破綻します。社会の合意を形成しつつ「8がけ社会」を突破する鍵は、まさに先入観からの脱却であり、発想の転換であり、新しい価値観なのだと。

作家の多和田葉子さんがインタビューで言語化してくれたことは、とても腑に落ちるものでした。「年寄りが弱くて子どもが強い、という考えは通用しなくなる。動けない若い人をケアするのは90代かもしれない。若くて体が元気でも、心を病んでいたら動けません」。そして「8がけ社会」に向け、「必然的に価値観は変わってくる。どんな未来になったら幸せか。想像できないなら、その未来を作れる可能性も少ない」と。

連載を読んでくださった読者からは「便利な世の中ばかりを目指していた社会が変わっていくのを感じた。こんなふうに社会を別の面から見せてくれる記事は大切だ」「自分なりに『こうしてみたら』と小さな変化につなげようとする感覚が生まれた」といった感想をいただきました。一方で、「8がけ社会とよりよい暮らしを両立させる取り組みを知りたい」「未来へのモデルになる具体例をさらに知りたい」といった宿題もたくさんいただきました。

労働力減、人口減、超少子高齢化という途方もない大きな課題に対し、責任を負っているのは政治だけでも行政だけでも市民だけでもありません。メディアも未来への大きな責務があります。

17年前に氷河期世代を「ロスジェネ」と名付けて問題提起をした企画でキャップを務め

たベテラン記者も、今回の取材班に参加してくれました。「8がけ社会」の連載では、そのベテラン記者の回顧もあります。当時、企画班が注目し、世に問うたのは「若年男性の非正規化だった」と率直な悔恨を明かしています。その何倍もの女性が就職難に悩み、低賃金労働を余儀なくされていたことに当時は目が向かなかった、というのです。

「8がけ社会」取材班も十数年後、自分たちから抜け落ちていた視点に愕然（がくぜん）とする日がくるかもしれません。メディアはニュースを伝えながら、それが何を意味するのか、抜けている視点はないかを謙虚に考え、価値観をアップデートしながら未来を伝え続ける役割を担っているのだと考えます。

　世界でもどの国も直面したことのない問題に立ち向かう「先進国」になってしまった日本。メディアは、「昨日よりもよい社会」をつくる一員として、決して傍観者ではいられません。ともに社会の課題を解決する当事者として、引き続き報道を続けていきます。


「8がけ社会」取材班デスク（東京社会部デスク）　貞国聖子

から経済部記者。経済部ではトヨタ自動車や半導体、AI、通信、財務省、総務省などを担当。

浜田陽太郎 はまだ・ようたろう

1990年、朝日新聞入社。社会保障担当の論説委員などを経て、くらし報道部記者。2017年に社会福祉士資格を取得。21年度に1年間休職し、大分県の社会医療法人で地域医療・介護の現場に浸った。

真鍋弘樹 まなべ・ひろき

1990年、朝日新聞入社。那覇支局員、論説委員、社会部次長、ニューヨーク支局長、編集委員などを歴任。「ロストジェネレーション」「エイジングニッポン」企画などでキャップを務めた。現在はフォーラム編集長。

真野啓太 まの・けいた

2014年、朝日新聞入社。千葉、長崎の勤務を経て、18年から東京本社の文化部でNHKの取材や論壇時評を担当。20〜22年は福岡で九州・沖縄の文化を取材。24年1月から国際報道部。

明楽麻子 みょうらく・あさこ

2001年、朝日新聞入社。熊本、福岡での勤務を経て、11年から政治部。幹事長番などを担当。21年からメディア戦略室、経営企画本部を経験。23年9月から再び政治部、24年4月から経済部で食品・小売りなどを担当。

渡辺康人 わたなべ・やすひと

1988年、朝日新聞入社。北海道、東京などで行政や警察などを取材。2011年6月から勤務した福島総局時代には、東日本大震災で全村避難した飯舘村や教育関連などを取材。18年4月から世論調査部。

笹山大志　ささやま・たいし

2017年、朝日新聞入社。水戸、神戸で勤務したのちに21年に政治部に異動。22年後半から社会部で旧統一教会問題など調査報道担当。24年春から再び政治部で岸田政権や自民党の取材を担当している。

貞国聖子　さだくに・せいこ

2004年、朝日新聞入社。さいたま、長崎の勤務を経て、09年から社会部。警視庁、農水省、教育班キャップ、社会部キャップなどを務めた。「ナガサキノート」「共生のSDGs」企画に携わり、23年9月から社会部次長。

鈴木淑子　すずき・よしこ

1989年、朝日新聞入社。横浜、札幌の勤務を経て、経済部、くらし編集部、週末版「be」。2022年からネットワーク報道本部。

丹治　翔　たんじ・しょう

2007年、朝日新聞入社。福島、大分、福岡の勤務を経て、15年から東京本社で朝日新聞デジタルやwithnewsの編集に携わる。現在は大阪本社ネットワーク報道本部で課題解決型報道「ニュース4U」などを担当。

藤　えりか　とう・えりか

1993年、朝日新聞入社。水戸、札幌の勤務や、東京と名古屋の経済部、ジャーナリスト学校、国際報道部、ロサンゼルス支局、GLOBE、beなどを経て、2023年からデジタル企画報道部（Re:Ron編集部）。

中山直樹　なかやま・なおき

2018年、朝日新聞入社。京都、岩手の勤務を経て、22年から福岡の西部報道センターで勤務。24年3月まで司法担当として、工藤会トップの控訴審や同性婚訴訟などを取材。4月から平和・原爆担当。

奈良部　健　ならべ・たけし

2005年、朝日新聞入社。和歌山、新潟、東京と名古屋の経済部、政治部などを経て、17〜22年にニューデリー支局長。22年4月

■取材班（五十音順）

阿部彰芳　あべ・あきよし

2007年、朝日新聞入社。宮崎、大分の勤務を経て、12年から科学医療部。厚生労働省や医療を担当。22年4月～23年9月、政治部で首相官邸を取材。24年4月からくらし報道部次長。

石倉徹也　いしくら・てつや

2007年、朝日新聞入社。岐阜総局などの勤務を経て15年から科学医療部（現・科学みらい部）。数学、物理などの基礎科学や宇宙・天文、ノーベル賞、文部科学省などを担当。

石松　恒　いしまつ・ひさし

2001年、朝日新聞入社。島根、京都の勤務を経て、06年から政治部。安倍政権での国会、野党、与党の各キャップ。西部本社報道センター次長、岸田政権での首相官邸キャップを経て、23年6月からネットワーク報道本部次長。

江口達也　えぐち・たつや

2002年、朝日新聞入社。20年以上にわたり世論調査の業務全般を担当し、現在、世論調査部。14年4月から約1年間、政治部で主に民主党や社民党を取材。

大崎浩義　おおさき・ひろよし

1999年、朝日新聞入社。システム部などの技術部門を経て、2015年から福岡、鹿児島で行政や選挙、農業全般などを取材。19年5月から世論調査部。選挙出口調査なども担当。

太田原奈都乃　おおたはら・なつの

2019年、朝日新聞入社。盛岡、山口の勤務を経て、23年5月から東京本社ネットワーク報道本部。首都圏ニュースセンターで都庁を担当。

小林　哲　こばやし・てつ

1996年、朝日新聞入社。科学技術や環境分野の取材を長く担当。中国特派員、ワシントン特派員、東京社会部次長、オピニオン編集部次長などを経て2024年4月から科学みらい部長。

朝日新書
967

8がけ社会(しゃかい)

消える労働者 朽ちるインフラ

2024年9月30日第1刷発行

著　者　朝日新聞取材班

発行者　宇都宮健太朗
カバーデザイン　アンスガー・フォルマー　田嶋佳子
印刷所　TOPPANクロレ株式会社
発行所　朝日新聞出版
〒104-8011　東京都中央区築地5-3-2
電話　03-5541-8832（編集）
03-5540-7793（販売）

Published in Japan by Asahi Shimbun Publications Inc.
ISBN 978-4-02-295279-0
定価はカバーに表示してあります。
落丁・乱丁の場合は弊社業務部(電話03-5540-7800)へご連絡ください。
送料弊社負担にてお取り替えいたします。

ルポ　若者流出

朝日新聞「わたしが日本を出た理由」取材班

新しい職場や教育を求め日本を出て海外へ移住する人々の流れが止まらない。低賃金、パワハラ、日本型教育、男女格差、理解を得られぬ同性婚など、閉塞した日本を出て得たものとは。当事者たちの切実な声を徹底取材した、朝日新聞の大反響連載を書籍化。

エイジング革命

250歳まで人が生きる日

早野元詞

ヒトは老化をいかに超えるか？　ヒトの寿命はいかに延びるか？　「老いない未来」が現実化する今、エイジング・クロックやエイジング・ホールマークスといった「老化を科学する」視点をわかりやすく解説する。国内外で注目を集める気鋭の生物学者が導く、寿命の進化の最前線！

損保の闇　生保の裏

ドキュメント保険業界

柴田秀並

ビッグモーター問題、カルテル疑惑、悪質勧誘、レジェンド生保レディの不正、公平性を装った代理店の手数料稼ぎ……。噴出する保険業界の問題に向き合う金融庁は何を狙い、どう動くか。当局と業界の「暗闘」の舞台裏、生損保の内実に迫った渾身のドキュメント。

朝日新書

平安貴族の心得
「御遺誡」でみる権力者たちの実像

倉本一宏

大河ドラマ「光る君へ」の時代考証者が描く平安時代の天皇・大臣の統治の実態。「御遺誡」と呼ばれる史料には権力の座に君臨した人物たちの帝王学や宮廷政治の心得、人物批評が克明につづられている。嵯峨天皇、宇多天皇、菅原道真、醍醐天皇、藤原師輔の五文書から描く。

仕事が好きで何が悪い!
生涯現役で最高に楽しく働く方法

松本徹三

ソフトバンク元副社長が提案する、定年後の日々新たな生き方。悠々自適なんかつまらない。日本的サラリーマンの生き方は綺麗さっぱりと忘れ、一人の自由人として働いてみよう。82歳で起業した筆者によるシニア&予備軍への応援の書。丹羽宇一郎、伊東潤推薦!

地政学の逆襲
「影のCIA」が予測する覇権の世界地図

ロバート・D・カプラン/著
櫻井祐子/訳
奥山真司/解説

ウクライナ戦争、パレスチナ紛争、米国分断……。政治的基盤が足元から大きく揺らぐ時代における「地理」の重要性を鮮やかに論じ、縦横無尽かつ重厚な現場の体験と歴史書との対話で世界を映し出す。〝地政学本の決定版〟が待望の新書化。

50代うつよけレッスン

和田秀樹

50代は老いの思春期。先行きの見えない不安からうつ病になる人が多い世代だ。「考え方のクセや行動パターンを変えることでうつは防げる」という著者が、「思考」「生活」「行動」から始める〝自分の変え方〟をリアルに伝授。読むだけでココロの重荷が消える処方箋!

朝日新書

成熟の喪失
庵野秀明と〝父〟の崩壊

佐々木 敦

ひとは何かを失わなければ成熟した大人になれないのか？　江藤淳が戦後日本の自画像として設定した「成熟」と「喪失」の問題系について、庵野秀明の映像作品を読み解きながら、「成熟」による父性の獲得が普遍的な問いにないことを明らかにする、日本人の成熟観を刷新する批評的実践。

始皇帝の戦争と将軍たち
秦の中華統一を支えた近臣集団

鶴間和幸

秦が中華統一を成し遂げた理由は、始皇帝（嬴政）の人間力と、特異な登用方法にあった！　李信・王騎・桓齮など、漫画『キングダム』に登場する将軍も解説。「兵馬俑展」や映画「キングダム」の監修も務めた始皇帝研究の第一人者が、『史記』や近年出土の史料をもとに解説。

賃金とは何か
職務給の蹉跌と所属給の呪縛

濱口桂一郎

なぜ日本の賃金は上がらないのか——。日本の賃金制度の「決め方」「上げ方」「支え方」の仕組みを、歴史の変遷から丁寧に紐解いて分析し、徹底検証。近年の大きな政策課題となっている問題について、今後の議論のための基礎知識を詰め込んだ必携の書。

朝日新書

8がけ社会
消える労働者 朽ちるインフラ

朝日新聞取材班

2040年に1100万人の労働力が足りなくなる。迫り来る超人手不足の社会とどう向き合うか。取材班が現場を歩き実態に迫り打開策を探る「朝日新聞」大反響連載を書籍化。多和田葉子氏、小熊英二氏、安宅和人氏、増田寛也氏ほか識者インタビューも収録。

ロシアから見える世界
なぜプーチンを止められないのか

駒木明義

プーチン大統領の出現は世界の様相を一変させた。ウクライナ侵攻、子どもの拉致と洗脳、核攻撃による脅し……世界の常識を覆し、蛮行を働くロシアの背景には何があるのか。ロシア国民、ロシア社会はなぜそれを許しているのか。その驚きの内情を解き明かす。

電話恐怖症

大野萌子

「電話の着信音がなると動悸がする」「電話を人に聞かれるのが嫌」。近年、電話恐怖症が原因で心身症状が現れ、退職にまで追い込まれる若者が増えている。その背景には何があるのか。電話が嫌いでたまらない人へ、今日からできる対策法。大丈夫、きっと治せます。

裏金国家
日本を覆う「2015年体制」の呪縛

金子 勝

「裏金」がばらまかれ、言論を封殺し、縁故主義による仲間内資本主義（クローニーキャピタリズム）がはびこる日本社会。民主主義を破壊し、国際競争力を低下させ、経済の衰退を招いた「2015年体制」とは。負のらせん状階段を下り続ける、この国の悪弊を断つ。